追寻 传承

“淮海战役的一天”研学指导手册

蒋越锋 主编

中国矿业大学出版社

·徐州·

内 容 简 介

本书是近年来淮海战役纪念馆开展特色研学的有益尝试与实践，通过沉浸式体验、沉浸式讲解、沉浸式演出、沉浸式红色少年剧的形式，让青少年在角色扮演中感悟英雄人物的革命精神，让红色的种子深埋于青少年的心中。

图书在版编目（CIP）数据

追寻 传承："淮海战役的一天"研学指导手册 / 蒋越锋主编. — 徐州：中国矿业大学出版社，2021.4

ISBN 978-7-5646-5005-6

Ⅰ. ①追… Ⅱ. ①蒋… Ⅲ. ①爱国主义教育—中国—中小学—教学参考资料 Ⅳ. ①G631

中国版本图书馆 CIP 数据核字(2021)第 068062 号

书　　名 追寻 传承："淮海战役的一天"研学指导手册
Zhuixun chuancheng: "huaihai zhanyi de yitian" yanxue zhidao shouce
主　　编 蒋越锋
责任编辑 史凤萍
出版发行 中国矿业大学出版社有限责任公司
（江苏省徐州市解放南路 邮编 221008）
营销热线 （0516）83885370 83884103
出版服务 （0516）83995789 83884920
网　　址 http://www.cumtp.com **E-mail**: cumtpvip@cumtp.com
印　　刷 苏州市古得堡数码印刷有限公司
开　　本 880 mm × 1230 mm 1/32 **印张** 5 **字数** 130 千字
版次印次 2021 年 4 月第 1 版 2021 年 4 月第 1 次印刷
定　　价 45.00 元

《追寻　传承：“淮海战役的一天”研学指导手册》

编 委 会

主　　编：蒋越锋

副 主 编：吴兆刚　李全德　周永杰　贾　萍

执行主编：温　良

编　　委：（按姓氏笔画排序）

王岚　石倩　苗荟　郝娜　胡兰兰

撰 稿 人：（按姓氏笔画排序）

谷青珊　周永杰　郝娜　殷小涵　程婉

目录 Contents

01

光影忆星工场

沉浸式夏令营的组织与实施

- 寻找淮海战役制胜的密码：沉浸式光影忆星工场
- 淮海战役沉浸式研学特训营

Section 1

寻找淮海战役制胜的密码

沉浸式光影忆星工场

“几十万，民工走不通。骏马高车送粮食，随军旋转逐西东。前线争立功。”这是1948年的冬天，淮海前线的支前场景，解放区的老百姓推着小车把粮食、弹药源源不断地送往前线。从黄海之滨到微山湖畔，从渤海平原到泰沂山区，在纵横一千公里的土地上，88.1万辆独轮车排成了长龙。

江山就是人民，人民就是江山。小推车承载着厚重的历史，推出了伟大的胜利。

淮海战役 是决定中国前途命运的大决战，**60万**人民解放军战胜 **80万** 国民党军，创造了世界战争史上的奇迹。

淮海战役历时66天，中原、华东两大野战军在中央军委的英明领导下并肩作战，苏、鲁、豫、皖、冀五大解放区人民全力支援，在碾庄、双堆集、陈官庄三大战场一往无前、决战决胜，最终取得了这场人民的胜利。

故事就发生在 1948 年 的 徐州城 ……

解放区的村口，正举行盛大的欢迎仪式，欢迎远道而来的人们来到支前村，他们中有国立高校的大学生、有做小买卖的生意人、有地主家的长工、有县长家的千金小姐……

到支前村，他们有一个共同的目标，就是为前线的解放军战士筹集物资……

进城前你需要选择的是你的身份，共有10类、66个身份可选。66个身份衍生出丰富多变的人际关系网，你的身后是在徐州城内的亲戚朋友，他们将为你的行动提供帮助。

在NPC的引导下，从多条任务线中选择一条。

在支前村，游客被分配到军需服装组、物资运输队、食物加工组、武器装备组，各自完成不同的任务。

- 军需服装组：采摘棉花—纺线—织布—漂染—设计—DIY
- 物资运输队：将物资捆绑在独轮车上—完成物资运送
- 食物加工组：提炼食盐—酿醋—碾磨花椒—制作食物
- 武器装备组：用金属探测器探测地雷并插旗标识—开辟通路

NPC：游戏术语，英语“Non Player Character”的缩写，指游戏中的“非玩家控制角色”。

整个沉浸式场景NPC共有12位，分别是：

支前村村长	妇女主任	军务处处长
药房老板	茶楼店小二	机要秘书
杂货铺老板	当铺老板	客栈老板娘
女卫生员	炊事班班长	作战参谋

为了获取前线急需的医疗器材、药品，以及城区布防图等情报，你在徐州城落脚后就要找份工作。只有找到了工作，才能赚到钱，有了钱，才能去购买前线急需的物资。

能帮助你的，只有你身在徐州城的亲戚朋友了。当铺的老板可能会介绍你做点鉴别宝物、倒买倒卖的工作，茶楼老板身边可能缺个打杂的小二，客栈老板

娘手头正缺个勤快的小跟班，军务处处长有一些秘密文件需要你去抄写。只要你愿意，你总能在这座城市里赚到钱。

赚到钱后你就可以到药铺、杂货铺等处购买药品和军火。城内间谍、帮会、军统、中统，鱼龙混杂，都想获取这些紧俏物资。在徐州城这小小的地方，你开始了斗智斗勇的寻药买枪大战。

通过朋友的关系，你进入徐州"剿总"担任少尉司书，通过各种办法获得军务处处长的信任，不仅能够抄写徐州城防图等大量机密文书，还能够在审讯室审讯自己的同志，想尽各种办法营救同志。最后，在地下党组织的协助下，通过秘密交通站把情报传递出去，把同志营救出来，伪造通关路条把前线急需的物资送到阵地上。

在完成这些任务后，你被徐州地委授予支前模范荣誉称号。

你兴奋地跑到支前邮政局，把你的所见、所闻、所感写成一封信，寄给家人及好友。

在盛大的篝火晚会上，大家载歌载舞庆祝胜利。

Section 2

淮海战役沉浸式研学特训营

淮海战役沉浸式研学特训营，是淮海战役纪念馆为青少年量身打造的表现力训练精品课程体系。将革命文化融入剧本，通过剧本推理、角色代入、自信表达、实境演绎，提升青少年的语言表达力、肢体协调力、思维创造力、社会交往力、艺术鉴赏力、独立思考力，让成长融入演艺，演绎完美人格。

一、淮海战役红色之旅

化身淮海小勇士，学习淮海战役知识，演练水弹枪打靶、搜排雷，寻找淮海战役制胜的密码。

二、 经典故事红色演绎

把淮海战役红色故事改编为影视剧本，以淮海战役少年英雄的第一视角，参演不同的角色。剧本将中小学生应该具备的“节约”“勤劳”“勇敢”“自信”“坚强”“乐观”“互助”“自信”八个方面的优秀品质融入其中。导演组推演剧本，让青少年通过演绎故事，代入角色，感同身受。

三、军事游戏红色警戒

战场，是力量的较量，也是军事技能的比拼。5×10米往返跑、躲避球游戏、跳绳、手榴弹投准、擒敌拳、刺杀操……青少年只有激发运动兴趣，培养运动习惯，增强健康体质，养成热爱运动的习惯，才能在未来的人生道路上，坚持到最后，微笑着面对各种机遇与挑战。

四、潜伏敌营红色特工

做一次红色特工，完成一次秘密任务。通过无线电波的侦测，找到神秘的潜伏者；利用无人机的侦察，绘制一张徐州城防图；用摩斯密码传递情报，接收来自上级的隐形嘉奖令。

五、“三红”食品红色记忆

战地野炊——用淮海战役支前民工的口粮“三红”（红高粱、红萝卜、红辣椒）制作食物，掌握石碾、石臼、石磨等工具的使用方法，提高青少年自理能力、独立能力、团队协作能力，提升青少年的自信心，磨炼青少年的意志力。

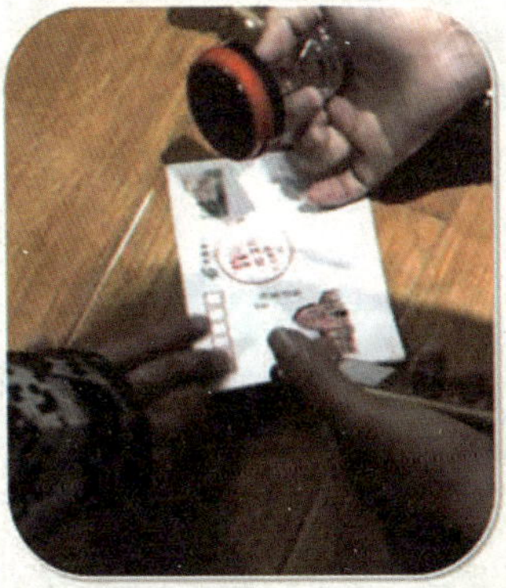

六、寄给未来红色家信

给三年后的自己写一封信吧！把此时此刻训练营的生活以及对未来的自己有哪些愿望写在信笺里，老师将信封存在时空罐里。等三年后的同一时间，我们再次相遇训练营，将这封信开启，致敬那个优秀的自己。

七、庆祝胜利红色晚会

用盛大的篝火，欢庆伟大胜利；用嘹亮的歌声，点燃强军激情。让青少年充分发挥自己的才艺特长，载歌载舞，将这份记忆永久珍藏。

02

寻找淮海战役制胜的密码

沉浸式闯关+沉浸式讲解

- 沉浸式闯关
- 沉浸式讲解

Section 1 沉浸式闯关

为了让广大青少年深刻领会革命前辈为了人民翻身得解放，甘愿抛头颅、洒热血的革命精神，省级红色教育平台“淮海e站”特别策划和组织“寻找淮海战役制胜的密码”支前体验活动，旨在通过还原淮海战役中的战斗、支前场景，让青少年在角色扮演、穿越时空、战斗背景下体会“听党指挥、依靠人民、团结协同、决战决胜”的淮海战役革命精神。

一、发生背景

1948年11月6日，淮海战役打响了。中原、华东两大野战军共60万兵力，在中央军委的领导下，与80万国民党军展开了决定中国前途命运的大决战——淮海战役。苏、鲁、豫、皖、冀五大解放区的老百姓志愿加入到支援前线的队伍中，“最后一碗米送去做军粮，最后一尺布送去做军装，最后一件老棉袄盖在担架上，最后一个亲骨肉送去上战场”。一场轰轰烈烈的支前运动拉开了序幕……

二、项目名称及赛程

“寻找淮海战役制胜的密码”沉浸式闯关，部分关卡设置复活营。例如：闯第一关时，若未完成任务要求的数量，则由组长选出相应人数的队员，进入复活营做任务，在复活营完成任务后再归队完成下一关任务，依此类推。

三、活动流程

预备：召开动员大会，由教官进行支前行动动员，而后进行战斗分组，以50人组建一个支前小组。

蛟龙组

战狼组

飞鹰组

同学们，欢迎大家来到支前行动特别任务组，我是教官×××。接下来，我会和大家一起，共同完成支前任务，寻找到淮海战役制胜的密码。大家有没有信心完成任务？

坚决完成任务！

大家请看手上的任务卡，现在的时间是1948年11月8日，淮海战役刚刚发起两天时间，上级命令我们小组要筹集到前线需要的粮食、军鞋、药品等物资，并在规定的时间内送到前线去。

这次任务时间紧、任务重，不仅仅要筹集粮食，还要穿过敌人的封锁线，排除地雷，开辟通路，消灭小股敌人，随时都有负伤和牺牲的危险。同学们一定要记住，这批物资是前线战士们的救命物资，我们要不惜一切代价，哪怕是牺牲我们的生命，也要确保这批物资安全送达。大家准备好了吗？

时刻准备着！

出发！

第一关 石臼舂米

10个人使用一个石臼，把没有脱壳的糙米进行加工，而后用簸箕筛除稻壳，把舂好的米装进粮袋。在10分钟内，10个人要完成1斤米的加工任务，每少1两米淘汰1名队员。

第一关复活营：磨豆浆

每人磨出一杯豆浆即可归队

第二关　纳制军鞋

每人一个鞋垫，按照针眼纳鞋底。在10分钟内，每人要完成鞋垫的针眼引线任务。

第三关　车轮滚滚

将筹备的军粮和军需品火速运往前线，队员们 5 人一组，利用小推车在规定道路上运输物资。

第四关 / 丛林寻药

前线的战士们急需一批药品救治伤员，但这些药被秘密藏在了这片山林，依托藏药图找到珍贵的药品，30分钟内送到前线。

第五关 / 击退敌人

经过追击，敌人被我们成功包围。解放军战士们必须坚守阵地，击退敌人的轮番突围，绝不让敌人逃脱。

第五关复活营－摩斯密码

正确发出秘密电文

A	• —	1	• — — — —
B	— • • •	2	• • — — —
C	— • — •	3	• • • — —
D	— • •	4	• • • • —
E	•	5	• • • • •
F	• • — •	6	— • • • •
G	— — •	7	— — • • •
H	• • • •	8	— — — • •
I	• •	9	— — — — •
J	• — — —	0	— — — — —
K	— • —	。	• — • — • —
L	• — • •	,	— — • • — —
M	— —	:	— — — • • •
N	— •	;	— • — • — •
O	— — —	?	• • — — • •
P	• — — •	=	— • • • —
Q	— — • —	’	• — — — — •
R	• — •	/	— • • — •
S	• • •	!	— • — • — —
T	—	–	— • • • • —
U	• • —	_	• • — — • —
V	• • • —	”	• — • • — •
W	• — —	(	— • — — •
X	— • • —	)	— • — — • —
Y	— • — —	$	• • • — • • —
Z	— — • •	&	• • • •
		@	• — — • — •

第六关 / 开辟道路

敌人的前沿阵地埋了大量的地雷，大部队无法通过，大家利用金属探测器对前进道路进行探测，排除地雷保证部队发起总攻。

第七关 / 战地救护

通过大家的团结协同，我们取得了这一仗的胜利，但我方战士负伤也很多，上级命令我们迅速打扫战场，救治伤员。4人一组用担架转移伤员，并在包扎所对伤员进行三角巾包扎。

第八关 / 慰问演出

战役取得全面胜利，支前小队慰问解放军，表演打快板、唱歌曲等才艺。

表彰大会

10项闯关活动用时短的小队获胜，前五名小队可以依次获得“苏、鲁、豫、皖、冀”五省解放区支前模范小队荣誉称号。先进个人被授予支前模范荣誉称号，同学们可以就支前体验进行交流发言，阐述自己对“淮海战役胜利是靠老百姓用小车推出来的”这句话的理解。

Section 2

沉浸式讲解

《我们的司令员》

时间：淮海战役第一阶段某天深夜
地点：总前委指挥部
人物：炊事班班长，警卫员小李，粟裕

粟裕正站在地图前思考，突然电话铃响。

粟裕拿起电话：喂，我是粟裕！

指挥部外，警卫员小李正在门边站岗，炊事班班长老赵急匆匆地上场……

炊事班班长：我说小李啊，你都能急死我啊，你就不能问问司令员啥时候吃饭吗？

警卫员：俺咋问？你以为就你一个人关心司令员饿肚子吗？他都七天七夜没合眼了，又不是铁打的，俺都急死了。

炊事班班长：这饭，在锅里热了一次又一次，每次来让你问问司令员开饭吗？你都给我挡回来，再热一回就得烂在锅里了。

警卫员：司令员这会儿是在思考大事，他不叫俺，俺不敢进。

炊事班班长：那我进！从南昌起义那会儿，我就跟着司令员一起干革命，我去催，他肯定不会批评我。

警卫员：是，是，你说的都对，他是不批评你……

警卫员拦下炊事班班长，笑嘻嘻地说：但会批评俺啊！

粟裕听到外面的动静，便问道：小李，是谁在外面啊？

警卫员一边示意炊事班班长不要说话，一边冲指挥所回应：司令员，没，没人，是只夜猫路过，被俺赶走了。

粟裕：小李，给我个冷毛巾，帮我敷敷头，这个头像是在开批斗会，要炸裂开喽！

警卫员赶紧拿起一条毛巾，给粟裕敷在头上：司令员，你听俺句劝吧，你得吃饱饭再睡个踏实觉啊，你这头，负过伤啊！

粟裕：小李啊，现在碾庄正是难啃的骨头，我哪里睡得着啊！

电话铃响，粟裕拿起电话。

粟裕：好，打得好，这样打才对头嘛！

炊事班班长：司令员，饿了吧，我给你端饭去？

粟裕：老赵啊，你来的正是时候，我这肚子还真有点饿了，吃饭。

《谁是独生子》

时间：淮海战役第一阶段
地点：碾庄外圩
人物：华野9纵司令员聂凤智，李方兴，战士甲、乙

聂凤智在碾庄地图前来回踱步，一名战士前来报告。

战士甲：报告司令员，对岸国民党军的火力太猛烈，我们伤亡太大了，怎么办？
聂凤智深思了一会儿：看来从正面强攻讨不到便宜，要派人侦察一下这护圩的水壕能不能涉水通过。传我的命令，把侦察班会水的都叫过来！
战士甲：是！
聂凤智：同志们，对岸就是国民党军的火力点，前面是一大片的水壕，为了让大部队能够顺利攻击前进，需要有人抵近侦察，看看这水的深浅，能不能蹚着过去。
战士们齐声说：司令员，您下命令吧！
聂凤智：执行任务就有牺牲的可能，你们谁是独生子，请举手。
没有一个战士举手。
聂凤智：你们听清楚了，谁不是独生子？

战士们都举起了手。聂凤智走到李方兴面前，一把把他的胳膊拽下来，李方兴又坚决地把胳膊举了起来。

聂凤智：李方兴，你怎么不是独生子？
李方兴：我就不是独生子！
聂凤智眼含热泪：好，就派你们去，都得安全地给我回来，这是命令！
战士们：是，保证完成任务！

时间一分一秒地过去了，聂凤智焦急地等待着。一会儿端起望远镜向敌阵地望去，一会儿在水壕外围来回踱步。

就在这时，一名战士喊道：看，水里有人。
战士甲：是李方兴！
李方兴浑身打着哆嗦，左手抓着一把枯草：报告首长，侦察员李方兴完成任务，前来报到。这是对岸的枯草，水壕是可以涉水通过的。

聂凤智高兴地说道：好，任务完成得不错。
聂凤智望了望他的身后，问道：其他两位同志呢？
李方兴声音低了下来：他们……光荣牺牲了。

聂凤智向着水壕的方向，沉默了很久，缓缓举起了右手，敬了一个军礼！

《为了谁》

时间：淮海战役第一阶段
地点：打倒蒋介石建立新中国雕塑群
人物：班长，战士甲、乙

班长：同志们，这一仗，大家打得勇猛顽强，不愧是咱们尖刀班的兵。下面，我点名，李二顺！张树才！

战士甲：班长，您别点了，咱们尖刀班16个人，就剩这点儿人了……

班长：其他人呢？咱们尖刀班不可能打得就剩这点儿人了。

战士乙：班长，李二顺，咱们班最小的弟兄，他才15岁啊！入党只有一天，我不知道在我们党的历史上，有没有只有一天党龄的党员，但是在今天攻打小张庄的战斗上，这个只有一天党龄的共产党员，他用生命和鲜血实现了自己的入党誓言。

战士甲：班长，张树才，咱们班的老大哥，41岁，他也是苦孩子出身，被国民党抓了壮丁，在孟良崮战役中参加解放军，他常跟我讲，他活了40岁，过了两辈子，前一辈 子很灰暗，但是遇到咱们之后就活得亮堂了。

班长：弟兄们，他们都是好样的。

战士乙：班长，您也是好样的，要不是您奋不顾身地把我们两个压在身下，我们两个也回不来了。

班长：我和李二顺、张树才，还有牺牲的那些弟兄，我们都是共产党员，老连长在战前动员的时候就说过，只有共产党员才有资格背炸药包，只有把生的希望留给别人的人，才叫真正的共产党员。

战士甲：班长，我们想您，想牺牲的战友们！

班长：干革命，就要有牺牲，我们虽然光荣了，但你们还活着，打完了仗，替我们回家给咱爹、咱娘多磕几个头，告诉他们，下辈子还做他们的儿郎。

战士甲、乙：班长！

《半个世纪的等待》

时间：1948年年初
地点：山东蒙阴县某村村口
人物：战士王玉德，李凤兰（年轻、年老），王玉德的母亲

王玉德：妹子，妹子。
李凤兰（年轻）：哈哈哈哈。
王玉德：你把它给我。
李凤兰（年轻）：不给。
王玉德：妹子，妹子，你把它给我。
李凤兰（年轻）：不给。
王玉德：妹子，妹子，妹子，妹子。
李凤兰（年轻）：还叫妹子啊。
王玉德：媳妇儿，你把它给我呗。
李凤兰（年轻）：不给，就不给。
王玉德：我们部队马上就要出发了，你戴它，我戴什么呀？
李凤兰（年轻）：你呀，你戴这个。
王玉德：哎……
李凤兰（年轻）：别动，你要是敢动，我就不理你了。
王玉德：我不动，我不动。
李凤兰拿下盖头，给王玉德戴上军帽。
王玉德：媳妇儿。
李凤兰（年轻）：来，把它戴上……
王玉德：不行。
李凤兰（年轻）：给你！
王玉德：不行——不行——媳妇儿，我们俩成亲我连个红衣裳都没给你买上，就扯了块红布当盖头，这个我不能带走啊。媳妇儿，媳妇儿，你放心，我一定会天天都想着你的。
李凤兰（年轻）：嗯（转笑）。
王玉德：你也一定得记住，要有一天，有人说我牺牲了……
李凤兰（年轻）：哎（捂住王玉德的嘴）！
王玉德：我不会牺牲的，我一定会活着回来的。

李凤兰（年轻）：（点头）毛主席说了，等到全国解放了，咱们就能过上好日子了。

王玉德：对，咱们就能过上好日子了！

王玉德的母亲听说儿子要参军，双眼含泪：儿啊，娘不拦你，可你爹走得早，你好歹成了家再走啊，万一有个三长两短，老王家就断了香火了啊。

王玉德：娘，打仗不等人，部队上正是用人的时候，凤兰都说了一定会支持我、等我的。

王玉德对李凤兰说：凤兰妹子，俺走了，你等着俺，等革命胜利了，俺一定让你和娘过上好日子。

李凤兰眼里含着泪水，狠狠地点了点了头，生怕自己的软弱动摇了玉德的决心：嗯！

出发时，李凤兰望着远去的部队，大声喊着：玉德，俺等着你回来！

后来的日子里，李凤兰一边操持家务，一边参加支前。

日复一日，年复一年，终于全国解放了，可王玉德依然没有任何消息。

母亲心疼儿媳，对李凤兰说：玉德走了这么久了也没有音信，他可能已经不在了，如果遇到合适的你就……

李凤兰：娘，你说的啥话啊，一年，两年，十年，二十年，俺都等着他，俺就是要一直等。

就这样，李凤兰每天都会站在村头，向着当年丈夫离家的方向眺望。直到1958年的一天，村干部送来了王玉德的牺牲通知书。原来在参军的第二年，他就牺牲了。

李凤兰无法相信丈夫牺牲的事实，她依然每天去村口等候，这一等就是50年。

李凤兰（年老）：我会一直等着你回来……对了，今天是我们结婚的日子，我啊，去换一件红衣裳等你回来！

《人民的胜利》

时间：1948年
地点：人民母亲雕塑旁
人物：马凤坤的母亲，马凤坤的妹妹，马凤坤

马凤坤走后，母亲每天都到村口眺望，没想到，等来的却是儿子牺牲的消息。抱着烈士阵亡通知书，母亲含泪拒绝了部队抚恤的4袋玉米。

马凤坤的母亲：儿啊，咱穷人的苦日子就要到头了，可好日子等不来，咱得去争取啊，快去报名参军吧。
马凤坤：娘，不是我怕苦怕累怕死，只是您年岁高了，妹妹还小，我走了，您怎么办，咱家的活怎么办？
马凤坤的妹妹：哥，你放心，俺一定听娘的话，俺娘俩就在家等着你回来！
马凤坤的母亲：儿啊，当初共产党打跑了鬼子，咱才有了好日子。去吧！到共产党的队伍上去，把敌人赶得远远的！
马凤坤：娘？
马凤坤的母亲：走！
马凤坤的妹妹：娘？
马凤坤的母亲：走！

马凤坤的母亲：前线上正困难，俺儿子没了，但儿子的战友还在，他们都是俺儿子，把这些粮食送回去，让那些孩子吃得饱饱的。俺还要多做几双鞋，让他们穿得结实又暖和。

马凤坤：娘，俺知道你时时刻刻都在惦记着儿子，儿子答应过您，在部队上好好干，第二年俺就入了党，还当了班长。

马凤坤的母亲：好孩子，给娘长脸！

马凤坤：娘，俺们连挺进淮海战场的时候，那队伍长长的，大家喊着口号，唱着歌，我走头一个，别提多精神了。

马凤坤的母亲：好孩子，给娘长脸！

马凤坤：娘，这一仗打得苦啊！连长、指导员还有那些老党员都冲在前面，一个冲锋下来，都光荣了……儿子是班长，也是党员，必须得顶上去！为了胜利，儿子不怕死，怕是要苦了娘……您老保重，儿子去了！

马凤坤的母亲：儿啊！好孩子……你给娘长脸啊！你没了，娘也得给你长脸！打这往后，儿没做完的事儿，都有娘一份！

马凤坤的母亲带着马凤坤的妹妹架人桥。

马凤坤的母亲：我们肩膀扛得住！你们大胆往前冲！等你们凯旋打胜仗，大娘给你们摊煎饼！

《我爱中国共产党》

时间：1948年12月的一天
地点：民工文化扫盲班
人物：王教员，民工们，金兰

王教员正在黑板前给民工们上文化课。

王教员：大家还记得昨天我们学的什么字吗？
民工们一起回答：昨天学的是“爱”这个字！
王教员：很好！今天我们来学新的字。

王教员在黑板上写了“中国共产党”五个大字。

王教员带领大家念：这个字念“党”！中国共产党的党！大家跟我读“党”！
民工们齐声：党！
金兰边举手边边说：俺知道俺知道！
王教员：金兰，你今天这么积极呀，我看到你一直举手。
金兰：王教员，俺知道！这五个大字念中国共产党！

王教员：我还没教，你是怎么知道的？

金兰（哭）：当年国民党抓壮丁，把俺爹抓走了，俺娘为了把他赎回来，一咬牙找地主钱万财借了4袋玉米，人是赎回来了，可也被折磨得不成人样了，回家没多久就咽气了。后来，俺也被地主抓了去给他儿子当童养媳，脏活累活啥活都干，稍微慢了一点，就被关到柴房里不给饭吃。（说完抹了抹眼泪）

王教员：现在都是什么时候了，还骑到老百姓头上作威作福，童养媳就是封建腐朽的产物，共产党绝不允许他们这么做！

金兰：幸好，有一位解放军哥哥在俺们村养伤，他听说了俺的事情，过来找地主评理，救了俺。就是他，教俺认识了“中国共产党”五个字。俺逃出来后，就参与了支前，俺要让前线的解放军战士们有粮食吃！有鞋子穿！

王教员：金兰，你是好样的！这样，你上来，用最近我教给你们的汉字写句话吧。

金兰：嗯，好嘞！

金兰走到黑板前，写下了“我爱中国共产党”。

民工俱乐部

03

人民的胜利

沉浸式思政课

◆ 泉山区课后延时开学第一课拍摄台本

Section

泉山区课后延时
开学第一课拍摄台本

镜头一：朗诵

几十万，民工走不通。
骏马高车送粮食，随军旋转逐西东。
前线争立功。
担架队，几夜不曾睡，
稳步轻行问伤病：同志带花最高贵，
疼痛可减退？

主持人：这首《记淮海前线见闻》写的是陈毅元帅在淮海战役战场上的所见所闻。那么，陈毅为什么创作这首词？这首词讲述的又是怎样的故事呢？今天，小红星讲解员们来到这首词里提到的淮海战役的主战场——江苏徐州，和我一起探访淮海战役纪念馆，去寻找这首词里包含的那些感人场景与故事。

空镜头：淮海战役烈士纪念塔园区

画外音： 淮海战役烈士纪念塔园区占地79万平方米，由著名建筑学大师杨廷宝设计。园区四周交通便利，东面不远处就是津浦铁路线，南来北往的乘客在火车上就能看到纪念塔。

这里是全国首批爱国主义教育示范基地、全国中小学爱国主义教育基地、全国重点烈士纪念建筑物保护单位、国家红色经典景区、国家4A级旅游景区、全国文明单位，每年观众和游客达300多万人次。

镜头二：纪念馆序厅浮雕墙前

主持人：陈毅这首词写的是在淮海战役前线上的所见所感，你们知道这首词所涉及的都有哪些人吗？

小讲解员甲：我知道，人民支援前线的壮观情形，有运粮队、担架队……

小讲解员乙：还描写了战场上英勇顽强的老兵和踊跃参军的新战士，以及被解放过来的国民党军士兵。

主持人：同学们回答得不错，今天我们请到了淮海战役纪念馆讲解员李佳怿，请她给咱们讲一讲这首词背后的故事。有请李老师。

纪念馆讲解员：同学们，大家好，欢迎来到淮海战役纪念馆。这首词的作者叫陈毅，当时担任华东野战军的司令员兼政委，也是中原野战军的副司令员，他在指挥部队挺进淮海战场的行军路上，写下了这首词。

小讲解员丙：老师，这场战役为什么叫淮海战役呢？

纪念馆讲解员：我就知道同学们会有这个疑问，我们先从字面上去理解。淮：指淮阴、淮安；海：指海州，也就是现在的连云港。这场战役发生在1948年的冬天，战场范围是以徐州为中心，东起海州，西至商丘，北自临城也就是现在的枣庄薛城区，南达淮河。这场战役，主要由人民解放军的60万人，对战国民党军的80万人。

主持人：我所了解的是，抗战胜利了，应该能够建设一个美好的家园，那为什么还要继续打仗呢？

纪念馆讲解员：是的，主持人老师提的这个问题想必同学们也想知道，我先暂时卖个关子，先请大家看一幕国民党统治区街头上发生的真实故事吧。

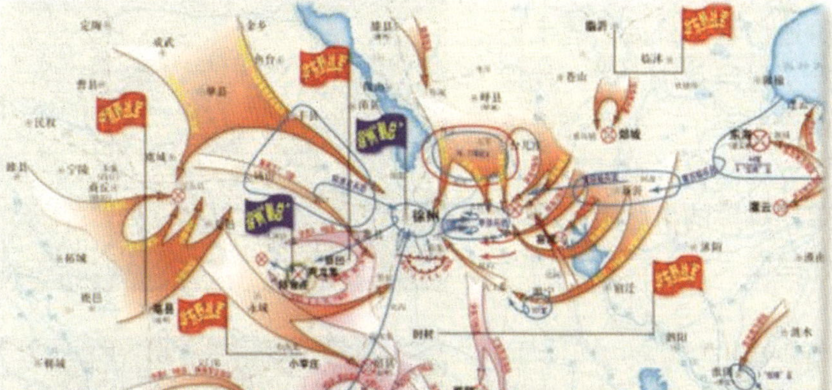
定陶
成武
金乡
滕县
临沂
临沭
曹县
民权
睢县
宁陵
商丘
徐州
柘城
鹿邑
亳县
东海
灌云
沭阳
涟水
图例
历史背景
淮海战役成果

展厅沉浸式演出
时间：1945年冬
人物：母亲，女儿，儿子

儿子：娘，我饿了。
母亲：孩子，再坚持一会儿，一会儿就有好心人给咱们送吃的了。
女儿：娘，你不要卖弟弟了，把我卖了吧，把我卖了就有钱给弟弟买吃的了。

母亲看着两个孩子，潸然泪下。此时一个穿旗袍的女人走过来，上下仔细端详着女孩，然后和母亲讨价还价着，最后，随手扔给了母亲几块大洋，就把女孩拉走了。小女孩依依不舍地望着尚不懂事的弟弟，黝黑的小脸上挤出了一丝微笑……

画外音：年幼的弟弟可能不会想到，不比他大几岁的姐姐，为了能让他吃上一顿饱饭，卖身到了富人家里当了童养媳。与姐姐的这一别，也许这辈子都无法再见了……

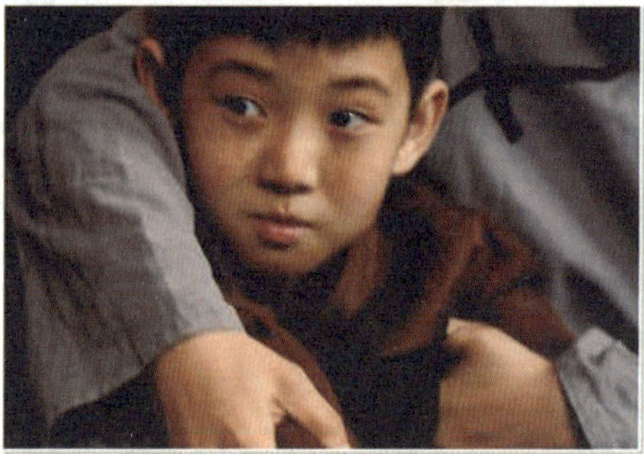

纪念馆讲解员：同学们，抗战胜利后，国民党为了夺取胜利的果实，继续巩固其代表地主、资本家的独裁统治，悍然发动了内战，而发动战争是需要大量金钱的，这些钱从哪里来？都是从老百姓身上榨取来的，逼得老百姓吃不上饭，不得不卖儿卖女，妻离子散。如何应对国民党发起的进攻？请看解放区兄弟二人的对话。

展厅沉浸式演出
时间：1946年冬
人物：弟弟，哥哥

画外音：这是革命圣地延安，在杨家岭一户农家院里，一前一后走进来两位解放军战士。

弟弟：哥，你等等我。
哥哥：你一见面就问这问那，你这次又想问什么啊？
弟弟：哥，听说国民党军对咱解放区开始了全面进攻，他们仗着有美国人支持，还有320万人，而咱们才270万人，咱能打得过他们吗？
哥哥：他国民党军人是多，还都是美式装备，但他代表的是地主、资本家，是骑在咱老百姓头上的。共产党是为了咱老百姓打天下，你没听毛主席在这个石凳上跟外国记者讲，一切反动派都是纸老虎吗？咱们解放军希望和平，但也不怕打仗！

小讲解员甲：陈毅在词中写道："同志带花最高贵"，是什么意思呢？

纪念馆讲解员：在淮海战役中，小推车担当了支前运输的主力军。据统计，淮海战役中，华东、中原、冀鲁豫、华中四个解放区前后共出动民工543万人，88万辆小推车向前线运送物资，小推车推出了淮海战役的胜利。"带花"是指战士负伤后鲜血染红了军装，就像胸前戴了一朵红花，表达了战士们在战场上前赴后继、英勇顽强的乐观主义精神。

小讲解员乙：战士负伤后不得要及时抢救吗？

主持人：是的，陈毅词中提到的担架队就是抢救伤员的主要力量，下面我们通过一个人物去了解担架队队员是如何抢救伤员的吧！

纪念馆讲解员：《无微不至为伤员　担架情深显大义》——担架队队员徐乃祯烈士。

无微不至为伤员　担架情深显大义
担架队队员徐乃祯烈士

徐乃祯，河南省商水县胡吉村人，1892年生。自幼随父母参加劳动，16岁时，他就开始给地主当长工，受到地主残酷的压迫和剥削。他饱受旧社会的苦难，迫切渴望打破封建枷锁，走出地狱般的生活。困苦环境的磨炼养成了他那刚毅正直的性格和对革命无限忠诚的高贵品德。

淮海战役开始以后，徐乃祯踊跃报名支前。由于他年纪较大，乡亲们一再劝他回家生产，但他总是坚定地回答："打敌人，我也有一份，我还能为革命做点事，为啥不能去哩，我坚决得去。"

担架队的任务是运送伤员。当时正值严冬，大雪纷飞，北风呼呼，遍野冰封，寒冷彻骨，白天敌机监视投弹、扫射，担架队只能在夜晚工作，环境相当艰苦，但徐乃祯从来不叫苦、不叫累。由于年老体弱御寒能力差，他的双脚冻烂了，但为了及时把伤员运送到后方进行抢治，他每次都暗自忍耐着冻伤的痛苦继续工作，一趟不肯间歇。领导发觉后，动员他休息，他坚决不肯，仍然坚持抬担架，直至双脚溃烂得不能负重行走时，才勉强停下来进行治疗。

战斗很快胜利结束了，领导动员担架队回家生产时，要求徐乃祯留医院休养，病好后再返乡，而他却说："大家都回去，我也不能在这养病，回去看看就会好的。"在返乡的路上，由于病情严重，高烧不退，伤势日趋恶化，1949年1月20日，徐乃祯与世长辞，享年57岁。

小讲解员丙：老师，运输队队员、担架队队员我们都了解了他们的感人故事，诗词里还提到的老战士、新战士、新同志又是指的谁呢？

主持人：前面几个人物都是请老师们解答的，下面的这三个人物就要请同学们自己去寻找答案了。

小讲解员丁：老师，这个题目好难啊，这么大的纪念馆，我们怎么去找答案啊？

主持人：那我们就请小红星红色文化传播中心的老师给大家一些提示吧。

老师：同学们，我手上有两个提示卡，我先给大家一个提示：寻找桶形文物，并讲述它背后的故事。同学们准备好了吗？

小讲解员们：准备好了。

老师：开始！

小讲解员丁：《开道先锋韩联生》。

开道先锋韩联生

1948年的深秋，淮海战役爆发。在一场战斗中，由于我军炮火不足，战士们竟组成“敢死队”身怀炸药与敌人火力点同归于尽，用这样惨烈的方式来获取战斗的胜利。华野特种兵纵队参谋长韩联生心如刀绞，他带领着工兵队的战士们日夜组织研究和试验“飞行爆破”技术，绝不再让战士用血肉之躯送炸药。

从捆扎炸药包到用迫击炮发送炸药包，他都亲临现场指挥。每一次试验，都是一次生与死的较量！

那天，韩联生像往常一样，来到了工兵驻地楼德镇，和战士们一起进行迫击炮送炸药的试验。当炸药包被点燃后，其中一个没有爆炸，韩联生迅速上前检查原因。当他靠近炸药包时，看到了零星火点，韩联生立刻意识到炸药包即将爆炸，他转身大喊：“快撤，快撤！”然而话音刚落，只听一声巨响，炸药包爆炸了，韩联生的左腿被炸断，咽喉被炸穿，壮烈牺牲。

韩联生的一生是战斗的一生。他南征北战，出生入死，屡建战功。他勤奋钻研，废寝忘食研究架桥、爆破技术。他常说：“在共产党员的面前，没有克服不了的困难。”伴随他转战南北的军毯、马搭子和雨衣，将永远向后人讲述一个革命者光辉的一生。

老师：讲得不错，没找到的同学不要着急，现在我开始公布第二张提示卡，馆里还有一个桶形文物，请大家继续寻找。
老师：这件文物就是老炊事员肖建章亲手做的保温桶。
小讲解员们：好厉害啊！
老师：还有更厉害的呢，这个保温桶里的包子还能俘虏敌军。有没有同学知道这个故事呢？
小讲解员甲：我听过，我来讲讲炊事员老乐吧。

炊事员老乐

老炊事员，名叫肖建章，因为整天乐呵呵的，所以大家都叫他“老乐”。老乐走到哪里，哪里就有香喷喷的饭菜。

这天，他包了一些大肉包子，用保温桶装满了，给前方的战士们送过去。

说来也巧，那天晚上，天黑得特别早，四周黑漆漆的，路都看不清。突然，前面传来沙哑的声音：“站住！”老乐心想，可算到了！

“勇敢！”他赶紧通报我方的口令，只听“咔嚓”一声，对方将子弹上了膛。

不好，走到敌人的阵地了！老乐顿时出了一身的冷汗。“现在跑也来不及了，可惜我这一桶热包子……”

摸到保温桶，老乐灵光一闪，敌人已经被包围多日，都是一群饿鬼，何不来个将计就计呢……想到这儿，老乐站住了，放声喊道：“快把你们当官的找来，解放军送包子来了！”

“啊！解放军！”敌人惊慌失措地围了过来，手电筒对着老乐乱晃。

“你是当官的吗？”老乐镇定地对着领头的发问。

“我是连长！你想干什么？”

“别紧张，我是给你们送包子的，我们连长知道你们的日子不好过，派我来和你们谈谈。弟兄们，你们家乡已经分了土地，你们干啥还在这忍饥挨饿？解放军才是为咱穷人打仗的，共产党才是咱老百姓的救星。再说，你们被包围也跑不了了，赶快投降吧！解放军一向优待俘虏，这不，派我来给你们送包子来了！”

“住口！”敌连长用枪口抵住了老乐。

“来！照这儿打！怕死我就不来了！”看老乐挺起胸膛，敌人愣住了。老乐掀起盖子，肉包子的香气立刻扑面而来。饿狼一样的士兵们一哄而上，抢起了包子。敌连长大声吆喝也没人听，眼看包子马上没了，他顾不上老乐，把手枪一别，双手插进保温桶里抓起好几只包子，狼吞虎咽地往嘴里送。老乐见时机已到，眼疾手快，一个箭步冲上前去，摘下了敌连长的手枪，抵住了他的腰，大声喊道：“弟兄们别害怕！我们那边肉包子有的是，想吃的跟我走，管够！”士兵们嚷嚷着把枪扔到了老乐的面前，敌连长眼看手下纷纷投降，只好沮丧地垂下了头。

就这样，老乐用一桶肉包子换来了几十名俘虏。老乐，还有这个保温桶，立了大功！

主持人：同学们知道了吧，这些用包子俘虏来的国民党士兵就是陈毅诗词里面提到的新同志。

画外音： 陈毅诗词中描的场景，如同为我们翻开了淮海战役人民支前那波澜壮阔的历史画卷。在战役结束后，陈毅说："淮海战役的胜利是人民群众用小车推出来的。"

主持人：2017年，习近平总书记来到徐州，瞻仰了淮海战役烈士纪念塔，参观了淮海战役纪念馆。他说："人民战争，小推车推出来的胜利，这就是说明了人民选择，人民选择共产党，都站到共产党这一边。'为有牺牲多壮志，敢教日月换新天'。我们就是要好好地守住这个江山，好好地来回报我们的人民，我们要坚决地捍卫我们人民的江山。"

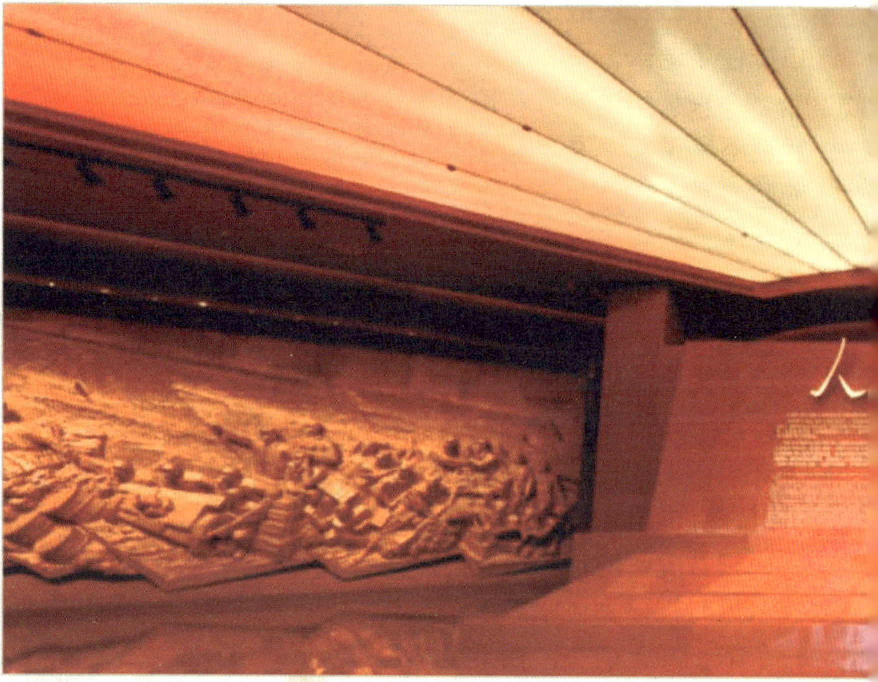

04

为了胜利

沉浸式红色少年剧

- 《人民的胜利》第一集
- 《人民的胜利》第二集
- 《人民的胜利》第三集
- 《人民的胜利》第四集

Section 1

《人民的胜利》第一集

第一幕

时间：1948年11月的一天清晨

地点：解放军后方医院病房里

人物：李金生，刘大娘，小金兰

画面： 病床上，一位解放军伤员盖着一床白色被子，右腿缠着绷带。慢慢地，伤员李金生苏醒过来。

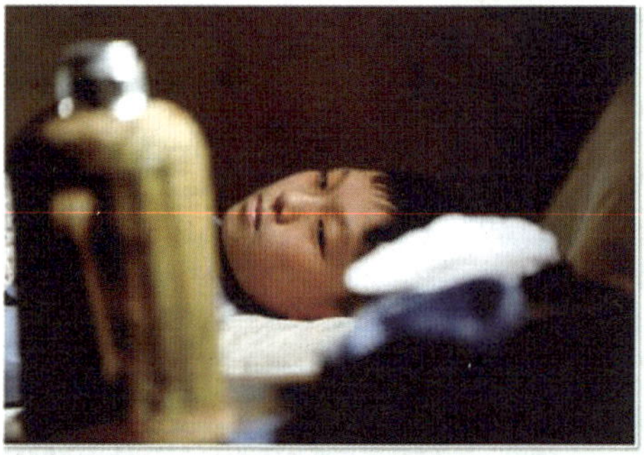

李金生：水，水。

守在一旁的小金兰兴奋地睁大眼睛，冲着刘大娘喊道：娘，快来，快来，解放军哥哥醒了。

刘大娘端起放在床头的碗，关切地说：孩子，你可算是醒了，来，喝口水吧。

李金生喝了口水，人也精神了许多，疑惑地看了看守在旁边的娘俩：大娘，这是哪啊，俺怎么了？

小金兰凑上前去，说起话来像蹦豆子：解放军哥哥，俺叫金兰，这是俺娘，你在前线打仗负了伤，被抬过来的时候还发着高烧，从做完手术到现在，你都睡了三天三夜了，可把俺和娘急死了。

刘大娘：孩子，饿了吧，来，吃个鸡蛋，好得快！
小金兰：快吃吧，大哥哥，这鸡蛋啊，可香了！

李金生刚想坐起来，可是右腿的伤让他禁不住“啊”地一声疼出了声。

刘大娘赶忙扶住了他：孩子，别动，你这腿伤得不轻。
看着递到嘴边的鸡蛋，李金生摇了摇头，虚弱地说道：金兰妹子，你吃吧，俺吃不下。
小金兰连忙摆着手：不不，俺可不能吃，这是给解放军吃的！

李金生忍着疼痛，脸上露出一丝笑容：这点伤不算什么，金兰妹子，你年纪小，你吃吧！

刘大娘心疼地看着李金生，催促道：孩子，快吃吧，这年景，家里穷，能吃的东西不多，你受伤需要吃点有营养的东西补补气力。你和俺儿子二牛差不多大，他一顿饭能吃好几个高粱饼子呢。

小金兰：是啊是啊！俺哥可壮实了，支前装大车，一次能扛几麻袋粮食呢。

李金生：二牛兄弟现在干啥了？刘大娘：他啊，闲不住，前几天村里组织报名参加支前小队，说是马上要打一场大仗，他第一个就报名参加支前运输队了。

李金生：大娘，金兰妹子，你们一家都在为解放军服务啊，有了千千万万像你们这样支援前线的老百姓，解放军才能打胜仗啊。

刘大娘：战士们为了俺们老百姓连命都豁出去了，俺们做这点事，不算啥。你的伤需要静养，你再睡会儿吧。金兰，跟娘去把这些衣服洗洗去。

小金兰：好嘞，娘。

第二幕

时间：半个月后的一个下午

地点：解放军后方医院的院子里

人物：李金生，刘大娘，小金兰

旁白：李金生在刘大娘和小金兰的照顾下，伤势一天天好起来，经常在院子里训练走路。

刘大娘：孩子，歇歇吧，走了好几圈了！

李金生：哎，好嘞，听您的！

小金兰：快来快来，我在石凳上铺了草，坐上面腿就不凉了！

李金生放下拐杖，冲着金兰笑着说：小金兰啊，别看你年纪不大，想得倒是又细心又周到！

小金兰：李大哥，你就别夸我了，俺这都是跟娘学的，俺娘照顾俺爹那才叫细心周到呢。

李金生转过身，看着刘大娘说：大娘，大叔身体怎么了？

刘大娘背过身去，擦了擦眼角的泪水：你大叔，他，他老早就被国民党反动派害死了。

李金生：啊！大娘，你快说说怎么回事。

刘大娘：那是两年前的事了。

镜头转向两年前的回忆场景。

第三幕
时间：1946年12月的一天
地点：刘大娘家里
人物：赵永强，刘大娘

刘大娘：孩儿他爹，他们到底是怎么折磨你的？被抓走的时候还好好的，现在这身上咋没一个好的地方！
赵永强：这哪里是当兵，简直就是人间地狱，天天干不完的活不说，还要孝敬、伺候那些长官，稍微做不好，就把我吊起来用皮带抽。
刘大娘：这群害人精，他们就不是爹娘生的孩子吗？怎么就欺负老百姓能！
赵永强剧烈地咳嗽起来：俺怕是活不长了，留下这个家，上有老下有小的，苦了你了！
刘大娘：别瞎说！会好的，一定会好的！

第四幕
时间：1947年1月的一天
地点：刘大娘家里
人物：刘大娘，钱万财，小金兰

画面：外面飘着鹅毛大雪，赵永强死了，堂屋里放着牌位，刘大娘、小金兰在屋里做着针线活，这时门被推开了。

钱万财：哟，家里死人了，看来，我来得好像不是时候啊！
刘大娘：钱老爷，您，您来有什么事吗？
钱万财：这么快就忘了？你们家男人能够赎回来，可是靠着我那四袋玉米啊！人都回来多长时间了，你们一家人光想着团圆了，这快过年了，我们家也得过年乐呵乐呵不是？
刘大娘：这——钱老爷，你看俺家，他爹刚走，二牛出去做工还没回来，我们孤儿寡母的，实在困难。能再等等吗？明年俺们种出粮食一定还您！
钱万财：呵，明年？我借出去的粮食，那可是要翻好几倍还的，这你也知道的，就怕到时你把家卖了也还不起啊！

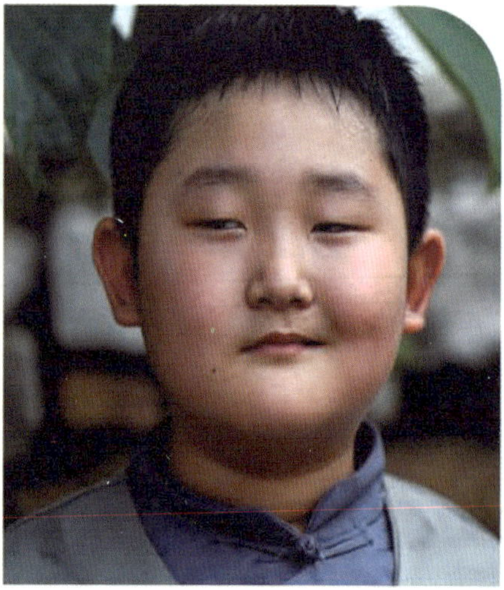

刘大娘：钱老爷，再苦再难，明年俺一定把粮食还上，您老行行好吧！

钱万财：我行行好？我一大家子也得吃饭啊，谁给我行行好啊？

刘大娘：钱老爷，俺家里今天真是拿不出这么多粮食啊！

钱万财：好啊，拿不出，我这有个好办法，这小金兰倒是长得乖巧可人的，给我带走当童养媳吧！

小金兰：娘，不要！

刘大娘：钱老爷，这不是要逼死我们一家吗？

钱万财：逼你？这么好的女娃娃，在你这里吃不饱穿不暖的，给我儿子当媳妇，这是你们老赵家祖坟冒青烟，多少世才能修来的福分。来人啊，把她给我带走。

小金兰：不要，不要，娘，救救我，救我啊，娘！
刘大娘：钱老爷，俺求求你，俺给你跪下了，孩子还小，您老高抬贵手，就放过她吧。
钱万财：放过她？想得美，什么时候把粮食给老子还上，什么时候来赎你闺女。
小金兰：娘，娘，救我啊，娘！
刘大娘：金兰，金兰！

第五幕
时间：接第二幕
地点：解放军后方医院的院子里
人物：李金生，刘大娘，小金兰

李金生：太欺负人了，这些地主老财，鱼肉乡里，横行霸道。
刘大娘：当年国民党军抓壮丁，把他爹抓走了。俺为了把他赎回来，就狠狠心找地主钱万财借了四袋玉米。人是赎回来了，也折磨得不成人样了，回家没多久就咽气了。
小金兰眼含泪水喊了一声：娘！
刘大娘：可怜俺的小金兰，年纪不大就被地主抓了去，脏活、累活啥活都干，稍微慢了一点，就被关到柴房里不给饭吃。
小金兰：娘，您别难过了，这解放军来到了咱村子，俺也能出来照顾伤员，多好啊！
李金生怒目圆睁，气愤地说道：共产党绝不允许他们骑到老百姓头上作威作福！不要怕！我去把卖身契给你要回来，让他们以后不敢再欺负你。

第六幕
时间：接第五幕
地点：钱万财家
人物：李金生，钱万财，村主任，钱富贵

画面：村主任搀扶着李金生来到钱万财家门口。

李金生一手拄着拐杖，一手拍打着大门：家里有人吗？
钱万财：来了，来了，敲什么敲，哪个丧门星的大早上敢在老爷我这儿撒野？

大门打开了一条缝，钱万财露出一个脑袋，瞧了瞧李金生，又看了看村主任。

李金生：你就是钱万财吧？
钱万财没有回答李金生的问话，而是满脸堆笑冲着村主任说：呦，这是什么风把村主任您都刮来了。
村主任磕了磕烟袋锅，没好气地说：钱万财，你别阴阳怪气的，解放军同志找你了解点儿事，快把门打开。
钱万财一听村主任这么说，马上恭恭敬敬地打开大门：老总，您请进。
李金生：哪有什么老总，我是李金生，喊同志就行了。
钱万财：是，是，李同志。（说完还敬了一个不伦不类的军礼）
李金生：钱掌柜的，你借给刘大娘家的四袋玉米，人家第二年就还上了，为什么还不放小金兰回家？
钱万财一听就明白了李金生此次来的目的，眯缝着眼睛，摇头晃脑地说：李同志，我早就听说解放军纪律严明，借东西要还，冤有头、债有主，小金兰的爹被国军抓走了，是我借给了他们家四袋玉米，才把人赎回来的。

这利滚利、驴打滚的，还给我四袋玉米就让我放人，您给评评理，小金兰来我家，吃我的，喝我的，这不都是钱吗？

李金生：钱掌柜，这个理我给你评评，四袋玉米借给小金兰家，人家第二年就还上了，况且，小金兰到了你们家，你们把她当人看了吗？脏活、累活当丫头使唤，还动不动就不给饭吃。高利贷、童养媳，这些都是新生的人民政府坚决打击和坚决废止的。

钱万财：这，那我这些年就白养活一个人啦？

李金生：新社会，人人平等，绝不允许卖儿卖女的事情出现。

钱万财：好好，既然李同志这么说了，我拥护政府，这个钱，我不要了。

李金生：你要认识到自己的错误，不是这个钱你不要了，而是这个钱，你就不该要。你给小金兰饭吃，小金兰也给你家干活，你把小金兰的卖身契交出来吧。

钱万财：卖身契？我，我交卖身契做什么？

李金生：当着俺和村主任的面，把卖身契撕掉，俺才相信你真的觉悟了。

钱万财：这，这，这绝对不行，凭什么让我撕掉？还有没有王法了？欠债还钱，杀人偿命，这是天经地义的事，我不交。

村主任：钱万财，你睁开眼睛看看，这都什么社会了？不是你们这些地主老财作威作福的时代了，现在是人民当家作主了，你要是不交，我就把你带到乡里好好说道说道。

钱万财一听就像泄了气的皮球，立刻就瘫了下来，转身回到屋里去取卖身契。

屋里传来钱万财和他儿子钱富贵的对话：爹，不能交出去啊，这可是俺媳妇。

钱万财：不交这卖身契，你老子我这条命就得交给那些穷鬼们。

不一会儿，钱万财不情愿地把卖身契拿了出来：李同志，这，就是卖身契，我上交政府。

李金生拿过来，仔细看了一下，然后把卖身契撕了个粉碎。

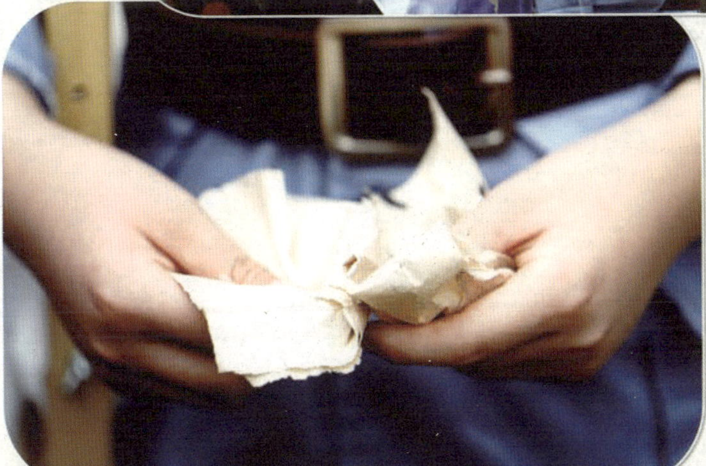

第七幕

时间：撕掉卖身契之后

地点：解放军后方医院的院子里

人物：李金生，刘大娘，小金兰

李金生：卖身契俺给撕掉了！以后啊，那钱万财再也不敢找你们的麻烦了！

小金兰：真的吗？太好了，俺自由喽，自由喽！

刘大娘：孩子，怎么感谢你啊，真是——金兰，快，快谢谢大恩人！

小金兰：李大哥，谢谢你，要不是你，俺早晚有一天得累死在他家里！

李金生：谢啥，解放军和老百姓本来就是一家人，俺的这条腿是你们悉心照顾才保住的，要谢也是俺要感谢大娘和小金兰啊！

笑声在小院的上空久久没有散去。

第八幕

时间：1948年12月的一天

地点：解放军后方医院的院子里

人物：李金生，小金兰，民工

李金生办了一个认字班。黑板上，李金生写下了“中国共产党”五个大字。

李金生一边指着黑板上的字一边带领大家念：这个字念“党”！中国共产党的党！大家跟我读“党”！

民工：党！

李金生：小金兰，你上来，用这几天我教给你们的汉字写句话吧！

小金兰应声答应着，走到黑板前：嗯，好嘞！

第九幕

时间：李金生返回部队的前一天

地点：解放军后方医院的病房里

人物：李金生，刘大娘，小金兰，村主任，护士，乡亲们

村主任：同志们，俺带着乡亲们来看看大家，明天你们就要离开这里了，俺们准备了些干粮，你们路上带着啊！

村主任：金兰娘，这些天你和金兰照顾伤员辛苦了！

刘大娘：村主任，虽然俺没文化，但俺也知道解放军同志为了咱老百姓流血牺牲，俺照顾他们，这点累算啥子！

村主任：金兰娘，你们一家人都是好人。二牛，他，更是个好孩子。

刘大娘：村主任，你怎么提起这个话了？二牛那还不是你看着长大的嘛。

村主任再也憋不住，眼泪流了下来：金兰娘，二牛是我看着长大的，娃娃很争气，没给咱乡亲们丢人。

刘大娘：村主任，这是咋的了，你咋还哭了啊？

李金生走上前，也问道：村主任，二牛兄弟咋的了，出什么事了吗？

村主任将一张纸递给了刘大娘：二牛带着支前小队往前线送粮食，不幸被国民党的飞机发现了，一枚炸弹落在他身边……二牛他，牺牲了。

刘大娘一阵眩晕，险些栽倒，小金兰赶忙扶住娘，叫了一声：娘！

李金生也眼含热泪安慰刘大娘：大娘，您老想哭就哭出来吧，这样心里能好受一点。

刘大娘摆摆手：打仗就会死人，俺儿死得光荣，俺不哭。

村主任：金兰娘，我的老姐姐，你可别憋坏了身子。

小金兰：哥哥临出发前，还摸着俺的小辫儿说，等这一仗打完，咱们穷苦人就能过上好日子了。爹走了，哥哥也走了，以后就剩俺和娘了。

李金生：大娘，俺虽然没和二牛兄弟见过面，但俺知道，他一定是个顶天立地的男子汉，就是因为有无数个像二牛兄弟这样的支前民工保障得好，才让前线的战士们吃得饱、穿得暖。大娘，二牛兄弟走了，俺就是您的儿子。娘！

李金生说完就跪在地上，磕了一个头。

刘大娘赶忙扶起李金生：孩子，你是娘的好孩子。

（编剧：郝娜）

Section 2 《人民的胜利》第二集

第一幕
时间：某天下午
地点：田地里
人物：张铁柱，张福来

画面：这天下午，张铁柱在自家田地里干活。他头顶着草帽，脖子上戴着毛巾，弯着腰收庄稼，热得满头大汗。忙了一会儿，他把随身带的干粮塞进嘴里，三口两口吃完了，正在拿毛巾擦汗，忽然看到隔壁邻居张福来气喘吁吁地跑来。

张铁柱：福来，跑啥的？
张福来：铁……铁……（喘不上气）
张铁柱把地上的水壶递给张福来：什么事呀这么着急，别急别急，慢慢说！先喝口水，缓缓。
张福来接过水壶咕嘟咕嘟，喝了一阵：哎呀，铁柱哥，大家都去村里报名了！这次你还去吗？
张铁柱：报啥名啊？
张福来：你还不知道？听说前线现在急缺物资支援，你上个月才送过物资，是支前模范，俺娘说要俺跟着你干，咱一起报名去吧！
张铁柱扔下镰刀就往村里跑：哎呀，还等什么，快走啊！
张福来跟着张铁柱往村里跑：铁柱哥，你等等我啊…

第二幕
时间：接第一幕
地点：村部
人物：张铁柱，张福来，村主任，其他村民

画面：张铁柱气喘吁吁地从门口走进来。村部门口排着队，村主任正在桌子前登记报名人数，看到铁柱来了，放下手中的笔。

村主任：哟，铁柱来了。
张铁柱：村主任，听说村里又要组织运输队去前线，咋没通知我呢？
村主任：铁柱，你上个月刚从前线回来，这回就别去了。
张铁柱：我是才从前线回来，但是报名是讲究自愿的，为啥我就不能去了？
村主任：你看你咋还急了呢！主要是考虑你在上回任务中受伤了，这次留在后方，把身体调理好，下回有任务我还是第一个通知你。
张铁柱：下回？咋了，支前还得论回数？上回去了，这回就不能去了？
村主任笑了笑，拍了拍张铁柱的肩膀：铁柱，不是这个意思，运送物资上前线是支前，在家里碾米、磨面不也是支援前线吗？我打算啊，让你带着大伙多碾米、多交粮呢！
张铁柱：我不同意。

张铁柱是个倔脾气，听不进劝，扭头一屁股坐在板凳上不走了。僵持了一会儿，村主任也坐在凳子上抽着旱烟，不知道怎么劝铁柱。正好这会儿，张福来追着铁柱从外面进来。

张福来：铁柱哥，你也不等等我，总算追上你了。
村主任：福来啊，你来得正好，快劝劝铁柱，这次就别报名了。
张福来：可是村主任，俺还想跟铁柱哥一道去呢。说实话俺也没想报名去支前，但是俺娘说解放军给俺家分了地，还分了牛，这是原来想都不敢想的事，做人要知道知恩图报。俺没有运粮经验，要是跟着铁柱哥一起去，俺娘放心。
其他村民：是啊，村主任！铁柱是出了名的支前模范，我们都要向他学习！
张福来：村主任，你就让铁柱哥参加吧，他受到过的表彰最多，俺们都想跟着他干！
村主任：哎！好吧！铁柱啊铁柱，你这牛脾气，拧不过你，快回家准备去吧。这次任务急，明天就出发，既然大家都想跟着你干，那我们村的支前小队长还由你来当！
张铁柱：好咧，村主任放心，保证完成任务。
张铁柱心满意足地离开了村部。

第三幕
时间：接第二幕
地点：铁柱家
人物：张铁柱，赵红霞，小金兰，小豆子

画面：铁柱离开村部又回到地里，他想干完了地里的活，明天好能安心离开家。忙了几个小时，总算干完了，这时天色已晚，铁柱回到家，在家门口来回踱步，犹豫了一会，走进屋里。赵红霞正在家里补衣服，看到丈夫回来了，放下手里的活，接过铁柱手里干农活用的镰刀。

赵红霞：孩儿他爹，你可算回来了，中午就在地里凑合了一口饭，这晚上咋还干到这么晚呢？
张铁柱：哦，觉得还剩一点活，心想今天就干完吧，干着干着就晚了。
赵红霞：你呀，真是一根筋，咋还非要今天干完呢？
张铁柱还没想好怎么跟妻子说，一时愣在了那里。
张铁柱：呃……
赵红霞：别愣着了，肯定饿坏了，锅里给你留了饭，还热乎着呢，先吃饭吧！
张铁柱：嗯，正好我也饿了。

张铁柱转身去厨房快速把饭吃了，回到房间看着赵红霞还坐在床边补衣服。他走到床边坐下，犹豫了一会儿，终于还是开了口。

张铁柱：红霞，你等会儿再干，我想跟你商量个事。
赵红霞：好，你说。
张铁柱：是这样的，村里又要组织运输队去前线了。
赵红霞：噢，这次你肯定去不了了，身上的伤还没好呢。
张铁柱：我下午报名去了。

赵红霞放下手里的活，有点埋怨地看着丈夫。

赵红霞：你报名了？什么时候动身？

张铁柱：明天就出发。

赵红霞：明天？这么急？我不同意！每次支前你都第一个报名，我从没有拦着，可是这次不行，你才回家几天啊！上次为了保护军粮，你整个身体扑在粮车上，这腿上的伤还没好全，又要去，我不同意。

张铁柱：我这腿已经好得差不多了，放心吧。我晚上在地里多干了一会儿，这也差不多忙完了，剩下的没有多少重活了，我走以后你就多辛苦一下……

赵红霞：你怎么还是不明白，不是我怕苦怕累，我是担心你的身体吃不消啊！

张铁柱：我知道你在替我担心，我自己的身子自己清楚，绝对没问题，村主任说这次还让我带队，我不能辜负大家对我的信任呀！

夫妻俩正僵持不下，有人敲门，赵红霞开门一看，原来是刘大娘的女儿小金兰。她腰上别着葫芦瓢，有点着急地站在门口。

赵红霞：金兰妹子，快进来，这么晚了，出啥事了吗？

小金兰：嫂子，俺来找铁柱哥。

张铁柱：咋了，妹子？

小金兰：铁柱哥，俺也要参加支前运输队。

赵红霞：可是……

张铁柱：不行，这一路有多难走，谁都不知道。况且运输队里都是老爷们，你个女娃娃，不方便呀。

小金兰：铁柱哥，俺可比一般男人力气还大呢！

张铁柱：我知道你想为前线战士出份力，那就留在家里跟妇女们一起做鞋、碾米，一样也是支援前线！

小金兰：可俺就想像俺哥和你一样去给前线的战士送粮食，你放心，俺不会拖累运输队的。

张铁柱：金兰啊，不是我怕你拖累，只是我跟你哥从小一起长大，一起报名参加支前运输队，上次的任务，为了保护军粮，我俩一起扑在粮车上，我捡了条命，可是你哥再也回不来了。大娘年纪大了，你要是再出什么事，谁来照顾大娘？我怎么对得起你哥啊！

小金兰：铁柱哥，我知道你是为了我好，可你也知道俺哥最大的遗憾就是没能亲手把粮食交给前线的解放军。解放军给俺家分了地，把俺从地主钱万财那里救出来，还教会了俺认字，从前俺哥说要跟着党走，俺不懂，现在俺懂了，只有跟着共产党才能过上好日子。铁柱哥，还记得这个吗？这葫芦瓢是俺哥在支前路上喝水、吃饭用过的，是你亲手给俺带回来的。俺带着这葫芦瓢，一定能替俺哥完成遗愿。

张铁柱一时语塞，赵红霞被金兰的一番话感动得眼含热泪，拉住小金兰的手。

赵红霞：铁柱，你就带着金兰妹子去吧。大娘那里，俺来照顾。

张铁柱：哎，好吧。

小金兰：太好了，谢谢嫂子，谢谢铁柱哥。

小金兰开心地离开了铁柱家。送走了小金兰，张铁柱不解地望向妻子。

张铁柱：你不是不同意我去吗？这咋还答应了金兰要照顾大娘？

赵红霞：我还不了解你吗？你几时听过我的！我也不是那糊涂人。解放军在前线饿着肚子，你在家里能坐得住吗？哎，我去给你多备点干粮，路上吃。

话音刚落，赵红霞转身为丈夫收拾出行的用品和干粮。儿子小豆子愉快地打着快板，哼着小曲从外面进来。

小豆子：爹，我回来了。

张铁柱：豆子，你来得正好，爹跟你说点事。

小豆子：好。

张铁柱：豆子啊，爹明天就要带着运输队出发，估计至少也要半个月才能回来。爹不在家的日子，你是家里唯一的男子汉，一定要听娘的话啊！

小豆子：嗯，放心吧，我一定听娘的话，你要早点回来啊！

张铁柱：好，一定早点回来。

小豆子：对了爹，我刚路过村部，听说村里正缺人手。我和小五商量，明天把村里十岁左右的小孩召集一下，成立一个儿童团，帮大人一起碾米怎么样？

张铁柱：当然好啊，小豆子长大了，懂事了，已经是个能为集体出力的小男子汉了。

张铁柱一把搂住儿子，摸着小豆子的头，依依不舍。张铁柱和小豆子睡下了，赵红霞还在油灯下忙活着，她想为丈夫赶一双新鞋带着。昏暗的灯光下，她仔细地飞针走线，因为着急，手被扎破了好几次。

第四幕

时间：某天早上

地点：村口

人物：刘大娘，赵红霞，小豆子，张铁柱，小金兰，张福来，运输队成员（群演八名）

画面： 运输队整装待发。张铁柱带着运输队做出发前的准备工作，他指挥大家绑粮袋绳子。张铁柱扶着刚绑好的独轮车，帮忙往前推。

张铁柱：来，一二，好了，绳拉紧，慢点走啊，慢点！

张福来和运输队成员：慢点，慢点。

张铁柱：来，一二，好了，绳拉紧，慢点走啊，慢点！

张福来和运输队成员：慢点，慢点。

刘大娘挎着一个包袱，拉着小金兰的手舍不得放开，看到铁柱从身边路过，忙叫住他。

刘大娘：柱子，我说啥她也不听啊，这丫头你是看着长大的，她啥时候出过这么远的门啊！路上你多招呼着点啊！

张铁柱：大娘，你就放心吧，她就像我的亲妹子，我保证毫发无伤地给你带回来。

刘大娘：好。柱子啊，你也要万事当心，照顾好自己！

张铁柱：好的，大娘，我们走了，你有啥事就找红霞，有啥活就招呼她干，保重好身体。

刘大娘：好，好……（刘大娘拍拍铁柱的肩膀）

小豆子和赵红霞赶来送铁柱。

小豆子奔向铁柱喊道：爹——

张铁柱一把抱住小豆子，赵红霞从后面跑来，把连夜做的一双鞋塞进丈夫的行李中。

赵红霞：孩儿他爹，这路上不好走，费鞋，天越来越凉了，我把之前做了一半的棉鞋给赶出来了，给你多带一双备着。照顾好自己，别担心家里，我已经报名做鞋小组了，你不在家的日子，我多做些军鞋，儿子呢，就跟着儿童团碾米，咱们一家三口一起支前。

张铁柱：嗯，一起支前。

赵红霞强忍眼泪，故作坚强，帮丈夫整理了一下衣服领子。旁边刘大娘把包袱里的一件皮袄拿出来披在小金兰身上。

刘大娘：金兰过来，快穿上。

小金兰心情复杂，不能照顾母亲的愧疚，还有第一次离家的不舍：娘……

刘大娘：闺女，一定得好好的啊……

小金兰：嗯，放心吧娘，回去吧，外面冷。

运输队准备得差不多了，一车车粮食排好了队，整装待发，最前面的一辆独轮车上插着一面小红旗。小金兰走到第一辆车前面，拉起车上的绳子扛在肩膀上，准备拉车，张福来在她身后推着车。

张铁柱：大家伙都准备好了吗？

队员们（群演众人齐声）：好了！

张铁柱（手指向前方）：出发！

赵红霞领着小豆子，扶着刘大娘，对着小车队挥手再见。

第五幕
时间：某天下午
地点：支前小道
人物：张铁柱，小金兰，张福来，运输队成员（群演8名）

画面：张铁柱带着小金兰和运输队推着小车从白天走到晚上，道路泥泞崎岖，不时还有飞机袭扰，突然又有飞机从上空飞过……

张铁柱：快卧倒，大家小心，保护好军粮！

运输队成员中，有的人趴在粮车上，有的人原地蹲下，张铁柱扑在粮车上用身体保护粮食。小金兰有点不知所措地抱住车上的粮袋，张福来看到了，快步过来抱住她的头。

张福来：妹子小心！

等了一会儿，没有动静了，大家渐渐抬起来头。

张铁柱：怎么样？没人受伤吧？

小金兰（哭）：队长，福来哥受伤了。

张铁柱走到张福来面前，张福来头部中弹，流血不止，已经昏迷。

张铁柱：福来，福来，醒醒啊……

小金兰：福来哥，你快醒醒啊，都怪俺，你是为了救俺才中弹的……

张福来（声音微弱）：别哭了妹子……俺知道你想保护粮食……这粮食是给前线子弟兵的，俺也要保护好它……

张铁柱：福来，你一定要撑住啊。

张福来：好冷啊……俺撑不住了……你们快走，别管俺，一会儿飞机又来了，一定要把粮食送到……

话还没说完，张福来就永远地闭上了眼睛。铁柱知道，他那句没说完的话是“一定要把粮食送到前线”。运输队成员们都落泪了，小金兰哭得最伤心，她把出发前娘专门送来的皮袄盖在了张福来的身上。

小金兰：福来哥，盖着吧，盖着就不冷了。

没有时间掩埋遗体，大家忍着难过只能继续出发。小金兰哭着守在张福来旁边，张铁柱过来拉走了她，运输队又奋战在了千里运输线上。

第六幕

时间：某天晚上

地点：村部

人物：赵红霞，小豆子，儿童团成员（群演八名），妇女做鞋小组（群演八名）

画面：运输队离开以后，村里的妇女在当地“妇救会”的组织下组成做鞋小组。赵红霞积极组织村里的妇女，因为擅长做鞋，大家推选她担任做鞋小组组长。大家不分昼夜赶做军鞋，有时几天几夜都不休息，有的人熬红了眼，还有的人手上磨出了血泡仍然坚持做鞋。

赵红霞：姐妹们，夜深了人就容易犯困，有撑不住的就在这眯一小会儿，养养精神。

做鞋小组群演1：组长，俺们昨天还睡了一会儿，可你都三天三夜没合眼了，快休息休息吧。

赵红霞：我还撑得住。前线的子弟兵在为我们流血，可不能让战士们光着脚在前线打仗。咱们一定要多做几双鞋，让他们在战场上穿得结实又暖和。还有犯困的没有？咱们去用凉水洗洗脸立马就精神了。

赵红霞起身去洗脸。洗完脸，她又回到针线筐跟前，她把对丈夫的思念和对美好生活的向往都化成动力，一针一线，细细地缝。小豆子和小伙伴们尽最大努力碾米。连日雨雪，地面湿滑，但是儿童团踩着泥泞，忍着寒冷，推着碾，不分昼夜，你推我碾。

儿童团成员们一边推着碾一边喊起自编的口号：“宁愿手冻烂，也要把米碾，宁愿手冻烂，也要把米碾！”

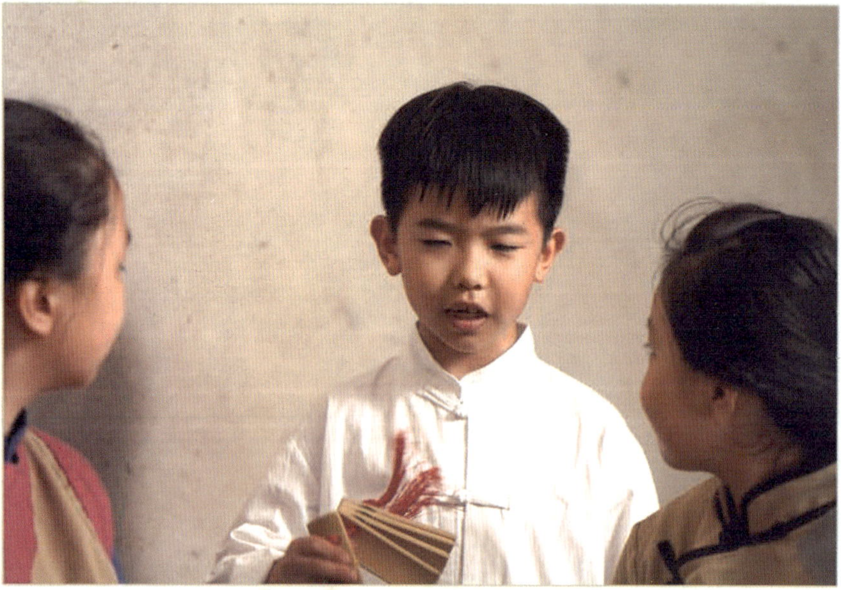

看到小伙伴们都精疲力尽了，小豆子跑到屋里找到正在做鞋的母亲赵红霞。

小豆子：娘，大家都困得不行了，可是任务还没完成咋办呀？
赵红霞：豆子，你来。（她向儿子招手）

赵红霞在小豆子耳边小声嘀咕了一阵，只见小豆子笑着拿出快板，站起来。

小豆子：俺娘说大家伙都累了，我来段快板给大家加把劲吧！
做鞋小组众人：好！

小豆子走到室外，把碾米的儿童团叫到屋里来。

小豆子：别干了，咱们休息一会儿，去屋里暖和暖和，我给大家说段快板。
儿童团群演：好呀好呀！
小豆子（打快板）："儿童团不怕寒，碾好米来送前线，同志们吃了有力量，消灭敌人不费难！"

紧接着，小豆子又走到做鞋的妇女那里打起了快板。

小豆子（打快板）："白布底黑布帮，一针一线纳成行，家家户户做鞋忙，点灯做到大天亮，做好军鞋支前方，战士见了喜洋洋，谢谢大嫂和大娘，等到全国都解放，幸福的日子咱先尝，幸福的日子咱先尝！"
群演一起（鼓掌）：好！

众人鼓掌称赞，听完了快板，大家的情绪被调动起来，继续投入到紧张的做鞋和碾米工作中……

（编剧：程婉）

Section 3 《人民的胜利》第三集

第一幕
时间：某天上午
地点：李金生部队驻地
人物：李金生，周志飞，虎子，两名战士

画面： 李金生出院回到部队，院子里，战友正在练刺杀操。

战士1：呦，金生回来了！
李金生：嗯，回来了。
战士2：伤好利索了吗？
李金生：都好了，这天天躺得我都急死了，就盼着早点回来呢。你们练着，我先进去。
战士1：好嘞！
李金生边说边往屋里走。
虎子看到走进屋子的李金生，惊喜地围过来：金生！你可回来了，想死我了。
李金生：哎哎，你看看你那一手油，没个正行。
虎子：你被抬下去的时候，我真担心以后见不到你了，看到你又活蹦乱跳地回来呀，太开心了！
李金生：放心吧虎子，俺老李命硬，阎王爷不敢收。
虎子：这次执行任务，谁要是动你一个指头，我这个“老伙计”决不答应。
李金生：哈哈，好，你好好擦擦，还指望你这个“老伙计”保护我呢。教导员在不在？我找他报到。

虎子神秘地朝里屋望了望：嘘，教导员啊，正在思考一个重大任务。

朝李金生努努嘴，示意他进屋找教导员。

李金生笑笑，用手指了指虎子：你小子，鬼精灵一个，看我一会儿怎么收拾你。

李金生说完来到了教导员办公室。

李金生：报告！

周志飞：进来。

周志飞看到李金生，格外高兴，拍拍这，看看那：金生，伤都好了？

李金生拍了拍胸脯：报告教导员，都好了。

周志飞：好，回来就好，回班里休息吧，我这有点事，就不跟你多说了。

李金生神秘地凑到教导员身旁：教导员，是不是有大任务？

周志飞：有，但是对你这位养伤归队的李金生保密。

李金生不放弃地满脸堆笑：别啊，教导员，俺又不是阶级敌人，干吗还对俺保密，有任务啥时候缺了俺老李的份。

周志飞：这次啊，还真没你的份。

李金生收起笑容：咋了，教导员，这才多长时间没见面，就开始嫌弃俺了，您别忘了，当初把俺带出来，您咋答应俺娘的？

周志飞：记得，带你好好干革命，多杀敌人多立功。

李金生：是啊，现在有任务了，你不带俺去，俺娘知道了也会埋怨俺。

周志飞：你这臭小子，就是理由多。好吧，回去准备一下，这次任务紧急，部队明天就要出发了。

李金生（高兴，敬礼）：太好了，敬礼！谢谢教导员，李金生保证完成任务。

第二幕
时间：持续战斗十几天后的一天上午
地点：战场
人物：李金生，教导员周志飞

画面：淮海战役第二阶段，中野四纵接到命令，参加总攻黄维兵团的作战。面对武器精良的敌人，战士们顽强拼杀，却始终未能攻破敌人的防线。（战斗场面，不远处稀稀疏疏的炮声）战壕里……

周志飞：金生，这块硬骨头咱们都啃这么多天了，确实不好打，敌人火力太猛了！
李金生：是啊教导员，他们人多，武器又好，是国民党精锐部队，咱们这武器（拿起步枪）在人家眼里，就是烧火棍。
周志飞：你可别小看这个步枪。毛主席说过，决定战争胜败的是人民，而不是一两件新式武器，一切反动派都是纸老虎！
李金生激动地说：毛主席说得对，这些国民党兵清一色的美制装备，但他们打起仗来，都一个毛病。
周志飞：什么毛病？
李金生：没有底气，贪生怕死。
周志飞：是啊，他们不知道为什么打仗，只知道打一仗就能拿到几块大洋。在命和钱的选择上，他们当然要首先保命喽。
李金生：咱们连新来的几个解放战士，也都是穷苦人出身，被国民党抓了壮丁，解放入伍之后，现在打起仗来跟换了个人似的。

周志飞：对，因为他们经过了诉苦教育，懂得了共产党、解放军为什么要打仗，为什么要扛枪的道理。一切为了人民，我们要让天下的老百姓都能过上好日子。

李金生：好日子，为了能过上好日子，穷苦的老百姓拿起了枪和反动派作斗争；为了过上好日子，无数的老百姓参加了支援前线的工作。我这次负伤，住在老乡家里，二牛、刘大娘、张铁柱、小金兰……乡亲们细心照顾我，我才能恢复得这样快。老百姓是我们的靠山。

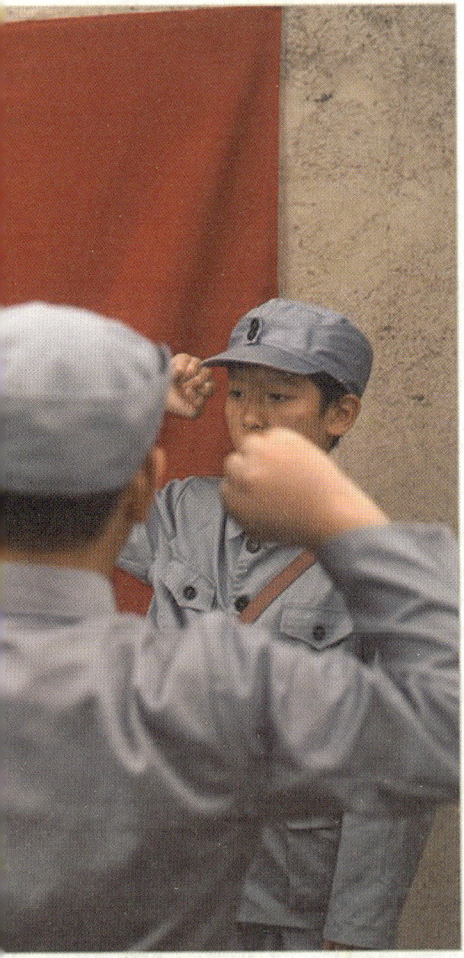

周志飞：是啊，有了老百姓的支持，我们一定能打赢每一次战斗、完成每一次任务。

李金生：教导员，俺明白了，当初解放军路过俺们村，俺娘就跟俺说："金生啊，村里头搞土改，共产党给咱家分了地，也分了牛，如今共产党的队伍上正缺人手，你去当兵吧，娘虽不识字，但明白这个理，只有赶跑了反动派，咱老百姓才能真正过上好日子。"

周志飞：金生啊，你有个好娘啊，我就没这个命，爹娘死得早，从小就没人疼啊。

李金生：想想那些年俺娘吃的那些苦，家里的粮食和牲口也都让国民党抢走了，心里真是气。幸亏解放军来了，又给俺家分了地和粮，还教我读书识字。我就是要跟党走，就是要多杀敌人。

周志飞：当兵这么长时间了，想家吗？

李金生：说实话，经常做梦梦到俺娘。俺爹死得早，从小都是娘一把屎一把尿地把俺拉扯大。等打完了仗，俺就回家给她老人家尽孝。

周志飞：有娘在，家就在。我打小爹娘就不在了，没娘的孩子，受人欺负啊。

李金生：教导员，你想嫂子了吧。

周志飞（语气温柔）：想，上次回家，你嫂子快生了，现在儿子都会满地跑了。前两天你嫂子给我写了封信，还把跟儿子的合影寄给我，我是看了又看，亲了又亲啊。

李金生：教导员，如果这次俺光荣了，你记得到俺家替俺看看娘。

周志飞：你小子命硬，一定要好好活着，自己亲自给老娘尽孝，你都答应过你娘的。男人说话，要顶天立地，一定要活着回去。

李金生：教导员，等革命胜利了，咱们一起回家。

周志飞：对，一起回家！

李金生：教导员，咱俩做个约定，如果谁活着回去了，就给光荣的那个家里报个信。

周志飞拍了拍李金生的肩膀：咱俩都要活着，回家！

第三幕

时间：接上一幕

地点：战场

人物：周志飞，李金生，虎子，战士

一发信号弹腾空升起，总攻开始了。战壕里，战士们正在进行激烈的射击。

通信员：教导员，负责穿插的一连尖刀班被敌人火力压制，困在了村口一线，一连连长请求支援。

周志飞：知道了，你告诉一连连长，我这就带人支援。

通信员：是。

周志飞环顾左右，命令道：李金生，带上你们班，跟我走。

李金生应声答道：是，二班跟我上。

在炮火的空隙，周志飞率领一个班的战士采用多种匍匐姿势隐蔽、快速地接近村口。在村口的一处战壕里，周志飞和尖刀班会合了。

尖刀班战士：教导员，你怎么来了？

周志飞：我听说你们前进受阻，不放心，就过来了。

战士：我们尖刀班本来很顺利地隐蔽、借机到达这里，没想到被敌人发现了，向我们这里猛烈射击。班长当即命令停止前进，展开近迫作业，班长、副班长都被敌人的子弹击中，光荣了。

周志飞：现在你们还有多少人？

战士：刚才战斗间隙我联络了一下，传递报数，算我在内还有六个人。

周志飞：好，你们听我指挥。

周志飞示意李金生和虎子分别向左右前方匍匐前进，炸掉正在喷射火舌的火力点。李金生和虎子应声翻出战壕，向火力点匍匐前进。随着两声巨响，敌人的火力点被端掉了。

周志飞：好样的，干得漂亮。

第四幕

时间：接上一幕

地点：前沿阵地

人物：李金生，周志飞，战士（群演）

画面：在敌强我弱的情况下，为了压制住敌人的气焰，周志飞指挥部队一边反击一边用喊话筒向国民党军喊话……

周志飞向战士们说道：把喊话筒拿过来。

战士递过来喊话筒。

周志飞开始喊话：国军弟兄们，你们已经被我军主力包围了，放下武器，解放军优待俘虏。

枪炮声盖住了周志飞的喊话声。

周志飞翻身出了战壕，向前爬了几米，在一处矮墙边停下来，继续喊话：国军弟兄们，你们已经被包围了，放下武器，站在人民这一边才是光明之路，负隅顽抗为蒋家王朝卖命只有死路一条。

李金生指挥着战士们用密集的火力配合教导员，造成大部队包围的假象。

突然一发炮弹飞来。

李金生（大喊）：教导员，快卧倒，卧倒，教导员……

周志飞胸部中弹，鲜血喷涌而出，染红了他的军装。周志飞倒在了血泊里。李金生和三名战友把教导员拖进战壕。

李金生：教导员，教导员你醒醒啊，教导员，咱们不是说好革命胜利一起回家的吗？你怎么自己先走了呢？你不是还要回家看孩子吗？你就不想听他喊你一声“爸爸”吗？

周志飞笑了笑，随后停止了呼吸，紧握着李金生的手也在这一刻滑落到地上。李金生怎么也不相信眼前的一切，刚才还在和他说话的教导员，就在这一瞬间永远地离开了。

李金生（擦了擦眼泪）：教导员，我们一定替你报仇。

战士们也都强忍着眼泪和内心的悲痛，再一次投入战斗……

第五幕
时间：一天早上
地点：支前运输路上
人物：张铁柱，运输队成员

画面： 河流阻挡、敌机轰炸、大雪封路、道路泥泞、食不果腹……坑洼的运输路上，一处石墙院落里，停放着几辆独轮车，马鞍形的过道下，吊着一盏小马灯，灯光一明一暗的，一个人靠在独轮车上，脑瓜和玻璃罩紧挨着，手里正在拨弄着一根小竹竿。小金兰查夜，看到人影就走了过来。

小金兰：铁柱哥，你不睡觉在这里鼓捣啥？

张铁柱抬头一看，笑了笑：是金兰妹子啊，还有一项任务没完成，睡也睡不安心。

小金兰：你每天运粮从不掉队，还有啥任务没完成？

张铁柱指了指手中的竹竿说：这个。

小金兰接过竹竿仔细看着：我知道了，你想自制一根竹笛，是不是？

小金兰说完把竹竿递给张铁柱，又提醒道：算了吧，天天赶路这么紧，哪里还有工夫吹笛子，再说，你想玩这玩意儿，路过哪个集市买一根就行了，快睡吧，不早了。

张铁柱：小金兰，你是不是近视眼，你看这竹竿上有啥？

小金兰：竹竿上滑溜溜的，能有啥？

张铁柱：你再仔细看看。

小金兰眯起眼仔细看着，竹竿上刻了一个“临”字：这不就是个临字吗？下面还有一个三点水。刻这个有啥用？

张铁柱一本正经地说：啥用？作用可大了，淮海战役一打完，毛主席、朱总司令就要开庆功大会，大会上，咱们毛主席要问：“你们山东民工一共走了多少路，经过多少村庄、城镇呀？”到那个时候呀，我就把小竹竿往上一送：都在上边刻着哩！您老人家看看吧。毛主席看了准得高兴，他老人家准会说：“小鬼呀，你刻得好，留在这里作个纪念吧。”

小金兰也咧开嘴笑了。张铁柱又继续刻上“沂”字。

第六幕
时间：某天早上
地点：支前运输路上
人物：张铁柱，运输队成员

张铁柱：大家加把劲，咱就快到了。

突然，一辆满载军粮的小车陷入泥坑，推也推不动，拉也拉不出，大家都放下自己手中的车去帮忙。

运输队成员：大家别慌，咱们一起努力，一定能推出来，咱们一起推，喊一二三就推。
所有人：一、二、三，推！
张铁柱：大家再使点劲啊。

这可急坏了铁柱，他走到小车前。

运输队成员：铁柱，你有啥办法？小心点。
张铁柱：你们推，俺在前面拉，试试能出来不。

铁柱憋足一口气，猛地一拉车绊，只听“嘣”地一声绳子被拉断了，铁柱一头栽进泥坑里，满脸满身都是泥，爬起来发现摔掉了一颗门牙，胸前全是血。大家齐心协力，终于把小车推了出来。铁柱跟没事人一样，吐出了嘴里的泥巴，擦了擦身上的泥巴和血。

运输队成员：铁柱，你出了这么多血，休息休息再赶路吧！
张铁柱：我没事，不要紧的，这些物资得尽快送到部队，咱们可不能耽误部队打仗。

画面返回战场，李金生所在的部队几乎弹尽粮绝，张铁柱带领运输队能否及时赶到？他们继续朝着前线走去……

（编剧：殷小涵）

Section 4

《人民的胜利》第四集

第一幕
时间：1948年
地点：解放军阵地战壕里
人物：李金生，虎子，小战士（群演）

画面：一架战机从雪地掠过，在阵地上空盘旋。李金生和战友们匍匐在战壕里。战友们或怀里抱着杆枪倚靠在壕坑上打着瞌睡，或交头接耳哭诉着，或聚精会神地盯视前方。李金生嘴里吸着烟，手上擦着他的手枪，他来回地擦着枪筒，做出瞄准的姿势。

李金生：虎子，我这枪里还有不到五发子弹，你说，我能打死几个人？
虎子：金生哥，我这就剩三发子弹了，还有一个手榴弹，这三发子弹我能打死一个算够本，剩下最后一个手榴弹，我就留给我自己，一定与阵地共存亡。
李金生：兄弟，好样的，咱这三发子弹要干掉三个敌人，打了胜仗，回家！你娘还在家等着你呢。

嘴上的烟头燃烧殆尽，李金生猛吸一口，他从外衣口袋里小心翼翼地拿出周志飞的家书，叠得整整齐齐地塞进自己胸前的口袋里，用手捂着，连续锤了几下。

李金生：兄弟，你放心，我一定为你报仇！

李金生起身对着战士们。

李金生：兄弟们，运粮队伍马上就要到了，吃饱了饭，有了力气，咱们跟敌人拼到底，与阵地共存亡！
大家齐声：跟敌人拼到底，与阵地共存亡！跟敌人拼到底，与阵地共存亡！
小战士：来了，来了，大家伙儿快看，那是不是乡亲们来了？粮食和子弹终于来了。

远处一支运输队正推着小推车晃动着。

第二幕

时间：午后

地点：靠近战场的田间道路

人物：李金生，张铁柱，民工队员A，民工队员B，战士（群演）

画面： 山路泥泞，路旁白雪覆盖。张铁柱推着独轮车走在运输队的最前头，后面七八个队员推车紧跟着，车上载有粮食和枪弹，不时传来枪声、炮声，混杂着小推车的吱呀声。

张铁柱：兄弟们啊，加把劲儿，前线的战士们可都盼着咱们呢。看！前面就是战场了，战士们肯定都饿坏了，就等着咱这车上的粮食呢！

民工队员A：铁柱哥，你说咱这一路可真不容易，这仗要是打赢了，功劳是不是也有咱们的份儿啊，是不是啊兄弟们……

张铁柱：我说，你小子，这前方战士们死伤无数，为咱流血牺牲，你这还没咋的就先邀上功了。

民工队员B：这要打了胜仗，我们这些穷苦人的苦日子可算是到头喽。

民工队员A：哈哈哈，铁柱哥，俺也就说说，要不是解放军，俺和俺爹、俺娘就都饿死了，要不是俺这腿不利索，俺一定上战场，（说着拍着自己的腿）现在俺能加入这运输队，别提多高兴了。解放军打到哪里，俺就把粮食送到哪里！

民工队员B：看！大家伙快看，我们到了，前方就是解放军的战壕了！

张铁柱：大家伙，快！咱们找个好隐蔽的地方停下，把粮食快给战士们送去！

小车队加快了脚步，几名战士从战壕走出来迎上前去。

几名战士见到运输队成员，一把拉住他们的手：老乡们，你们可算来了，这是救命的物资啊！

张铁柱：一路上飞机袭扰，再加上雪天路滑，路上耽搁了些时间。兄弟们都饿坏了吧，队员们，快，搭把手，把车上的东西给战士们搬过去。

大家将一车一车的伙食和物资卸下车，互相帮扶着把物品递到肩上，往战壕的方向奔跑。

第三幕
时间：下午三点
地点：解放军阵地战壕里
人物：李金生，张铁柱

画面： 战士们乌黑的手上拿着白面馒头，乌黑的脸上也就在张嘴咬馒头的时候可以看见白皙的牙齿。

张铁柱：老李，饿了吧，快吃快吃，这是家里乡亲们蒸的白面馒头，吃了就有力气了。

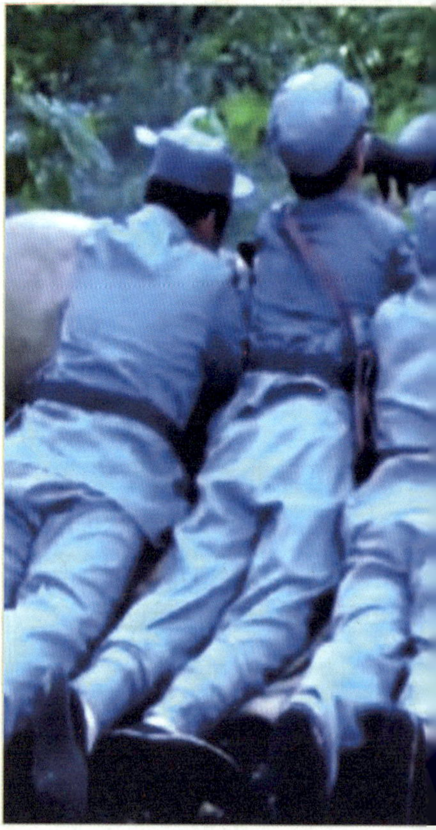

李金生：谢谢兄弟，你们来得可是太及时了，我们已经断粮好几天了，还好你们及时赶到！

张铁柱（神秘地从怀里掏出一瓶酒，一脸笑意）：老李，我还给你带了样好东西，你看这是什么？

李金生：嘿，我的好兄弟，还是你知道我老李好这口。

张铁柱：那咱可说好了，只许喝一口，打败了国民党，咱再喝剩下的，怎么样？

李金生：铁柱，你这有点儿难为我老李啊，咋的，怕我喝多了，干不过他们？你也太小看我了！

张铁柱哈哈一笑：行，老李，喝吧喝吧，打了胜仗咱一起回家。

李金生（喝了一口酒）：啊，这下舒坦了，还是咱家的酒好喝。

李金生一口馒头一口酒，心满意足地直吧唧嘴。战士们也都吃完饭，给枪上了子弹，精心检查着自己的装备。

李金生：弟兄们，吃也吃了，喝也喝了，轮到我们露一手了。把手里的家伙举起来，让对面的国民党军也喝上一壶。

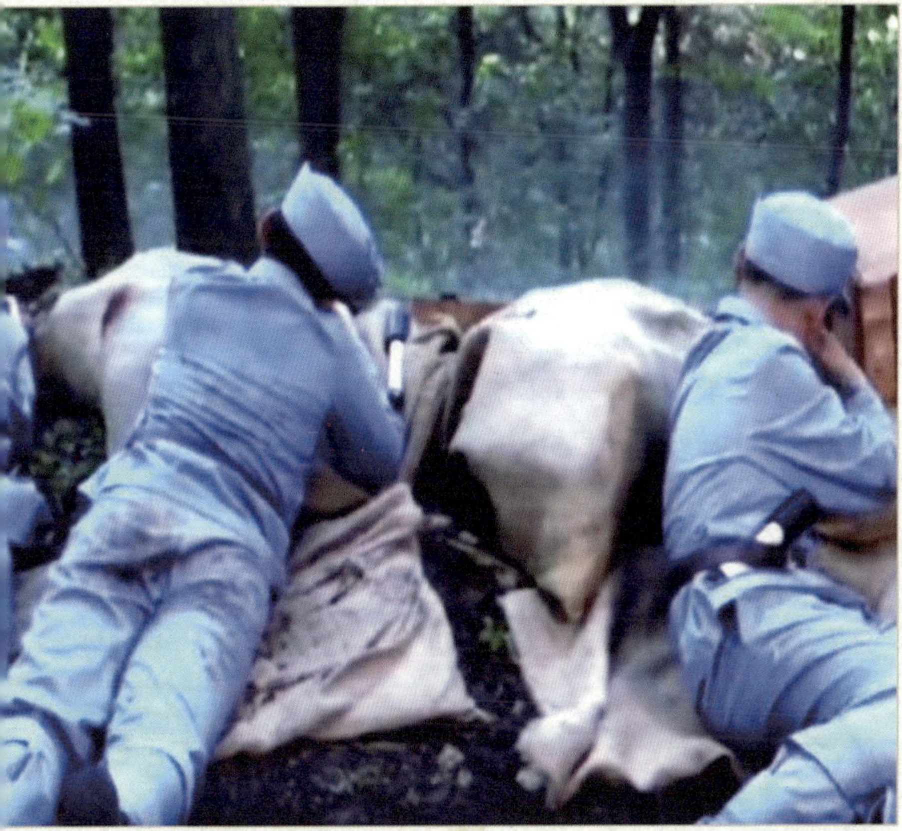

第四幕
时间：接上一幕
地点：解放军阵地战壕里
人物：李金生，虎子，战士（群演）

李金生：弟兄们，给我瞄准了狠狠地打。虎子你观察对面西南方向地堡，有情况及时汇报。
虎子：是！交给我了。

对面的一发炮弹就落在了解放军阵地前十几米的地方，“轰隆”一声巨响，枪声大作，紧接着炮响、火光、硝烟弥漫整个天空，总攻开始了。战士们轮流将手榴弹掷向国民党阵地，爆炸声、呐喊声不绝于耳。

虎子：金生哥，西南地堡最少有五个敌人，内设一把重机枪，威力很大，要能把它炸掉就好了。
李金生：怎么炸，你有什么想法？
虎子：根据我的观察，西南角地堡下有个壕沟，我通过壕沟悄悄过去，放好炸药包引爆。
李金生：不行不行，这太危险了，敌人火力太猛，你一个人去绝对不行。
虎子：壕沟附近无人把守，现在正面战场如此激烈，谁又能注意壕沟里有没有人？再说，我虎子可是从小习武，身强体壮，放心吧。
李金生：那这样，我在这边牵引，你迂回，记住，一定要注意安全。

说完虎子拿起炸药包扑向敌人的地堡。虎子把炸药包放在敌人地堡的后侧，自己跳进壕沟进行隐蔽。只听“轰隆”一声巨响，敌人的地堡被炸上了天。敌军阵地伤亡很大，火力也越来越小，停止了总攻。

李金生：哈哈哈哈，干得好！我这枪刚焐热，对面的国民党军就害怕了。
虎子回到阵地：金生哥，虎子顺利完成任务。
李金生一把抱住虎子：兄弟，好样的，你这可是立了大功了。

战士们在巷道里紧张有序地来回穿梭着。

第五幕

时间：接上一幕，白天

地点：子母堡

人物：国民党军官，国民党士兵

画面：地堡被炸掉，国民党军官心急如焚，国军士气受到极大的影响。

国民党军官对着国民党军训话：弟兄们，师座已经派兵增援我们，“赤匪”嚣张不了多久了，胆敢有临阵脱逃者，一律就地正法。

国民党士兵：誓死保卫子母堡。

国民党军的迫击炮猛烈轰炸，机枪也疯狂地扫射。

第六幕

时间：接上一幕，白天

地点：解放军阵地战壕里

人物：李金生，小王，张铁柱，虎子，三名战士，
国民党机枪手

画面：战场情况发生转机，西南地堡已被炸毁，李金生再次发出总攻命令。

李金生：兄弟们，此时可不能给他们喘息的时间，我们接着干！兄弟们，冲啊！

前排战士爬出战壕，在步炮协同下发起攻击，谁知刚离开阵地十几米，战士们就一个一个倒在地上。此时李金生拿起望远镜，他发现，西南侧地堡后面的残墙处还有地堡在喷着火舌。

李金生：铁柱，虎子，小王，你们组织大家在后方掩护我，你、你、你（三名战士），你们三个把子弹装满，拿着手榴弹跟我去西南残墙，干掉他们。

虎子：金生哥，这太危险了，残墙后面不知道有多少敌人，一旦被敌人发现，可就麻烦了。

李金生：我在这儿跟他们耗了十多天了，地形没人比我再清楚了。你们可要睁大眼睛，一旦敌人机枪被扫清，一定要冲上去，成败在此一举。

李金生腰间别着几个手榴弹，肩上斜挎着冲锋枪，整理了一下衣装，昂首挺胸地环视了一下阵地，带着三名战士匍匐前进。躲过敌人火力点，李金生以“之”字形弓着腰，跑向地堡，子弹“嗖嗖的”与他擦肩而过。李金生脸颊旁一颗子弹划过，他一闪而过，拼命跑向地堡。地堡内机枪扫射，火花点点。

地堡内国民党机枪手在疯狂地喊着：这来了一个送死的，打啊，给我狠狠地打。

国民党机枪手胡乱地摇动机枪扫射，突然地堡里的机枪手愣了一下，他发现了李金生，开始冲他疯狂扫射。李金生顺势趴在土坡下，抬头瞄了一眼，从腰间掏出手榴弹，拉起响环，轮番地扔向地堡。地堡前面被炸得泥土、火光、烟雾弥漫。李金生又接着往前冲。战士们看着李金生在前方阵地拼命奔跑，有几个人按捺不住，争抢着要发起冲锋。

此时虎子大喊：大家注意，快趴下，注意隐蔽，注意隐蔽！

几名战士刚跳出战壕，就被机枪子弹打中，倒在巷道里。李金生回头看着战友倒下，他抓下自己的帽子，拳头捶地，抬头又看了看机枪射孔，他端起冲锋枪还击，一阵疯狂的扫射，子弹打光了。地堡里的机枪还在不停地扫射着，冲锋的战友们一个接一下地倒下。李金生匍匐着前进。机枪声、炮弹声、呐喊声、小号声混杂一起。

李金生爬到地堡前，点燃炸药包扔向地堡。地堡被炸塌了，轰然倒下。看到地堡塌陷，李金生倚靠在小坡上开心地笑着。虽然地堡被炸塌了，但是机枪手没死，砖头被掀开，机枪又露出，又扫射。眼看着敌人喷着火舌的地堡，他咬咬牙，攥了攥拳头。

李金生飞快地冲向机枪，用身体盖住了枪眼，双手张开，抱住地堡。这时，机枪没了声音，李金生口吐鲜血，倒在废墟中。

虎子看着李金生倒下的背影满眼泪水，高喊：冲啊！兄弟们，为李金生报仇。

战斗结束，战场一片狼藉，遍地尸体，泥土都被鲜血染成了红色，铁柱带着运输队来到战场。铁柱来到李金生的身边，擦去他脸上的泥土。

张铁柱：说好一起回家，兄弟你怎么就先走了。你看，这脸也脏了，衣服也破了。对了兄弟，咱的仗打赢了，你好好睡觉。走，我带你回家。

（编剧：谷青珊）

05

编者手记

淮海战役沉浸式研学的组织与实施

- “沉浸式”是什么
- 为什么要做沉浸式研学
- 怎么组织沉浸式研学
- 组织研学活动的注意事项

Section 1

“沉浸式”是什么

现下比较火的沉浸式剧本杀店、沉浸式咖啡馆、沉浸式角色扮演网红店，以及网络上流行的沉浸式开箱、沉浸式化妆，它们通通都在强调沉浸式体验，那这里面所谓的沉浸式，到底是指什么呢？

“沉浸式”**其实是一种概念，它指的是强烈的代入感。它意味着人们从被动观看转向主动体验，身临其境成为故事或环境中的某一个主体。**

就比如说我们去看一场电影，看完之后可能会觉得这个电影拍得很不错，或者演得很刺激、很精彩，十分令人感动。但其实我们看完电影以后没多久就忘了其中的大部分内容，对这部电影不会有更多的思考。

这是因为，我们是在被动地欣赏。

但如果让你去参演这部电影，那感觉是不是就完全不一样了？你真实地走进了电影的故事情节和环境中，你现在就是其中的一个角色，你有属于自己的剧本，你要经历这个角色所经历的故事，你还需要把剧本里全部的内容表演出来。这个时候我们会不会就有了一定的思考，思考这个角色为什么要这样做？他的动机是什么？他这样做是否合理？是什么原因、又是在什么样的大环境下让他成为这个剧本里的这样的一个人？

当你开始思考这些问题的时候，就会从被动地接受内容，变成主动地学习内容。

所以“沉浸式”有两个重点。

第一，角色化。让人成为其中的角色，在沉浸式体验的故事中能找到自己，凸显个人的自我认同感，以及和人物共情。

A

第二，故事感。每一个沉浸式体验，都是一次故事性的实体化，可以亲身体验到作品的故事情节，以达到理解故事本身的目的。

B

这很像我们常说的角色扮演，你沉浸在这个故事中，你演得好不好，就看你对这个角色了解得深不深。

什么是研学旅行???

1．缘起

2013年2月2日，国务院办公厅印发的《国民旅游休闲纲要（2013—2020年）》中提出“逐步推行中小学生研学旅行”的设想。此前，我国许多地区都有尝试把研学旅行作为推进素质教育的一个重要内容来开展。

2．研学旅行的定义及特点

2014年4月19日，国家教育部基础教育一司司长王定华在第十二届全国基础教育学校论坛上发表了题为《我国基础教育新形势与蒲公英行动计划》的主题演讲。他提出了研学旅行的定义：**研究性学习和旅行体验相结合，学生集体参加的有组织、有计划、有目的的校外参观体验实践活动。**

研学旅行要以班级或年级为单位进行集体活动，同学们在老师或者辅导员的带领下，确定主题，以课程为目标，以动手做、做中学的形式，共同体验，分组活动，相互研讨，书写研学日志，形成研学总结报告。

研学旅行的特点：“两不算，两才算”。

两不算1

校外课后的一些兴趣小组、俱乐部的活动，棋艺比赛、校园文化，不符合研学旅行的范畴。

两不算2

没有研学主题、目的、过程、成果的，如周末出去转一圈，那不叫研学旅行。

两才算1

集体活动。以年级为单位，以班为单位，乃至以学校为单位进行集体活动，同学们在老师或者辅导员的带领下一起活动，一起动手，共同体验，相互研讨，这才是研学旅行。

两才算2

亲身体验。动手做，做中学，学生必须要有体验，而不仅是看一看、转一转，要有动手的机会、动脑的机会、动口的机会、表达的机会。在一定情况下，应该有对抗演练、逃生演练，应该出点力，流点汗，经风雨、见世面。

沉浸式研学，是以学生为中心，重视实践内容，让学生有更强的参与度，可以做到主动提出问题、主动探究、主动学习的归纳式学习过程。

3. 传统研学模式的类型及特点

目前，传统研学模式大体可以分为三类：课堂讲授式，参观游览式，体验拓展式。

第一类，课堂讲授式。顾名思义，学生日常在学校里上课学习的模式或者一些大的专题讲座，都属于课堂讲授式。其优点主要是效率高，场所固定，执行起来相对简单，是我们常用的传统讲授方式。其缺点也是显而易见的，因为是在固定的环境里学习，内容输出全靠老师讲解，学生在接受知识的时候很难激发主动的思考，被动接受是其最大的特点。

第二类，参观游览式。这个也非常好理解，比如学校组织的一些扫墓活动或者我们去游览某个景点，找了一个专业讲解员讲解就是参观游览式。它比较符合我们一直倡导的主题——读万卷书，行万里路。这种模式的优点就是当你到达了某个地点的时候，看到的东西会给你带来更加直观的感受，可以做到实地接受内容输出，边走边学，边看边学。

这种模式的缺点是有局限性，学生的注意力容易被分散，刚到的时候觉得很新鲜，还会认真听一听讲解，但是时间越长越容易分心，如果队伍过长，走在后面的学生可能根本没办法听到完整的讲解。

第三类，体验拓展式。这种模式主要是以拓展训练的方式进行研学，比如把学生分成几个不同的队伍，以对战、比拼的形式进行训练，让他们在玩的过程中感受团结的力量。最典型的例子就是真人CS（军事模拟类真人户外竞技运动），学生积极性很高，主要以玩和对战的方式体验实战操作。

Section 2

为什么要做沉浸式研学

沉浸式研学是更加完善的研学方式，这种方式兼具体验、参观、讲授、表演于一体。

我们希望孩子们可以通过阅读剧本、表演剧本内容、走进角色内心的方式，融入到故事中去，将体验感和学习性并重，最大程度上激发孩子的主动性，让孩子可以进入到故事里，边体验，边学习，边思考。

Section 3 怎么组织沉浸式研学

一场好的沉浸式研学，需要怎么开展和实施呢？

第一步，写好策划方案，进行剧本编写。

大家应该都知道，一个优质的小短剧，人物丰满、剧情严谨、内容充实并且具有观赏性是非常重要的。我们写剧本的时候要注意：故事主题立意正确，故事内容充满正能量，并且符合淮海战役主题。

剧本内容可以参考真实的历史事件，如淮海战役中的一些励志故事、感人片段、人物等。这样既可以正确地发挥红培教育的作用，又不跑题、不偏题。

当然，写剧本也是十分专业的脑力劳动，专业的事情一定要由专业的人来做。

第二步，演员选角和培训。

选角：我们在选取演员、分配角色的时候，要以小朋友的一些日常特征、行为喜好为参考，尽量给小朋友选择适合的角色来出演，这一点是非常重要的。

大家如果玩过剧本杀应该都知道，剧本杀的好玩程度排除剧本本身的剧情外，很多时候和你选取的角色挂钩。如果你拿到了一个自己不喜欢或者完全没有代入感的角色，会直接影响到对游戏的投入程度，体验感直线下降，甚至还会觉得很无趣。

培训：分配好合适的角色后，我们下一步要做的就是有针对性地统一培训。一般来说，大部分的小朋友是没有表演经验的，他们对表演的理解大多来自电视剧、电影里的内容。所以我们要做的就是帮助小朋友完成这个角色的演绎，进行一些口才培训、形体训练、背景知识的讲解以及如何进入角色的技巧讲解等。当孩子们熟悉了剧本、掌握了技巧后，我们可以组织他们进行排练、模拟表演等一系列的实操内容。

第三步，表演。

组织讨论：在开始表演之前，我们会组织一些小型的剧本讨论环节，小朋友们对自己要表演的角色有任何不理解的地方都可以与同伴进行讨论。这样有助于小朋友积极主动地思考、理解剧本故事。

实地表演：当小朋友熟练掌握剧本内容和表演能力后，我们会邀请一些妆造老师对小朋友进行着装搭配、妆面造型的全方位角色塑造，之后再组织到相应的场景进行演绎和拍摄。场地的选址会基于故事的历史背景，寻找最符合当时情景的地方，如一些老房子、某处环境符合的建筑。完成前期准备后，就可以游览、参观、体验三位一体地进入到故事中去。

当孩子们进行演绎时，我们更要多关注孩子们的状态，提供相应的辅导和帮助。虽然说之前已经进行了培训，但小孩子很可能在面对摄像机录制和周围工作人员较多时情绪紧张，演绎剧本背诵台词时语言不够口语化，只顾背诵内容没有肢体动作，等等。这时就需要我们专业的辅导老师，进行现场的情绪安抚，给孩子们做一次表演示范，全程帮助孩子们演绎和拍摄。